Los estilos del

POP ROCK

Los estilos del

POP ROCK

Michael Morrison

MA
NON
TROPPO

© 2025, Michael Morrison
© 2025, Redbook Ediciones, s. l., Barcelona
Diseño de cubierta: Regina Richling
Diseño de interior: Joan Edo

Fotografías interiores: Wikimedia Commons / Archivo APG
ISBN: 978-84-10459-15-1

Depósito legal: B-1.073-2025

Impreso por Ulzama, Pol.Ind. Areta, calle A-33, 31620 Huarte (Navarra)

Impreso en España - Printed in Spain

Índice

Introducción

Rock y su influencia en el pop

A lo largo de los siglos y alrededor del globo, muchas formas diferentes de música han gozado de un interés masivo durante un período de tiempo limitado. Sin embargo, ninguna ha podido igualar la enorme influencia de la música popular que estalló en Estados Unidos a mediados de los años 50 y que, en la segunda mitad de la década, se extendió sobre gran parte del mundo.

«La música pop es el medio de masas para condicionar la forma en que piensa la gente.»

Graham Nash

Uniendo las canciones doo-wop y las baladas sentimentales al principal catalizador del rock and roll, este nuevo pop dirigido a los jóvenes, con sus ocasionales letras groseras y sus ritmos chirriantes, fue el primero en combinar la energía sexual con sentimientos largo tiempo reprimidos de angustia y rebeldía adolescentes.

Dispuestos a no seguir el gusto de sus padres en la manera de vestir y de comportarse, la generación de chicos de la posguerra exigía ser reconocida en sus propios términos, y la música pop fue el vehículo que se lo permitiría. Olvidad a esos acicalados crooners (vocalistas), los bailes de tempo estricto y los éxitos estériles como «How Much is That Doggie in The Window?». Ante todo, la nueva música incitaba a liberarse de las inhibiciones, a vivir una diversión sin freno, y no a deambular por las esquinas de las calles para matar el tiempo. También se trataba de poner de relieve el abismo entre mamá, papá y su hipersexual y poco sumisa progenie.

De pronto, las emociones de los adolescentes se expresaban en las letras y en los ritmos, mientras que la música se hacía aún más accesible, ya que el virtuosismo vocal e instrumental no eran imprescindibles para interpretarla. A mediados de los 50, el pop era, por primera vez, música para masas de adolescentes, música para ser disfrutada e incluso interpretada por ellos. En la estela de Elvis Presley y Buddy Holly, las ventas de guitarras batieron récords, y no tardaron en surgir decenas de miles de grupos juveniles a ambos lados del Atlántico. De hecho, en la Gran Bretaña económicamente deprimida y que aún sufría las secuelas de la Segunda Guerra Mundial, la música skiffle con base de R&B fue una solución práctica para los chicos que a menudo no podían adquirir instrumentos decentes; asimismo, esa música les proporcionaba un fundamento de técnicas básicas que algunos emplearían con gran provecho sólo unos pocos años después.

10 intérpretes top:

- Cliff Richard
- Elvis Presley
- Elton John
- Diana Ross
- David Bowie
- Michael Jackson
- Elvis Presley
- Madonna
- Mariah Carey
- Whitney Houston

Entretanto, antes de que se produjera la segunda gran explosión del pop, la primera fase tenía que seguir su curso. Mientras los años 50 daban paso a los 60, los adultos blancos aún dirigían el «espectáculo»; entonces, una combinación de presión social y tendencias autodestructivas pusieron fin al rock and roll vinculado a los negros, al que algunos blancos se referían como «música de la jungla». Chuck Berry fue encarcelado por violación, Jerry Lee Lewis fue condenado al ostracismo por casarse con su prima de 13 años, Little Richard se hizo ministro de la Iglesia, Buddy Holly y Eddie Cochran fallecieron en trágicos accidentes y, tras servir dos años en el Ejército, Elvis apareció sin patillas y se lanzó a una renovada escena musical en la que la vieja guardia fue reemplazada por unos pulcros zalameros que incluso obtenían la aprobación de los padres: Fabian, Frankie Avalon, Connie Francis, Pat Boone, Bobby Vinton, Ricky Nelson... Por ahora, la vieja generación había ganado la batalla, pero a largo plazo todos se verían obligados a darse por vencidos en aquella guerra.

10 temas top:

- «Candle In The Wind», Elton John
- «Do They Know It's Christmas», Band Aid
- «Bohemian Rhapsody», Queen
- «Mull Of Kintyre», Wings
- «Rivers Of Babylon», Boney M
- «Candle In The Wind», Elton John
- «We Are The World», USA For Africa
- «I Will Always Love You», Whitney Houston
- «Macarena», Los Del Río
- «Whoomp! (There It Is)», Tag Team

Sin embargo, la época que coincidió con las crisis de la Guerra Fría y la legislatura de Kennedy no se limitó a ofrecer baladas empalagosas y estribillos como «itsy bitsy teeny weenny yellow polka dot bikinis» [«ella llevaba un diminuto bikini amarillo de lunares»]. También estaban las clásicas canciones pop de tres minutos que producían los jóvenes y brillantes equipos de composición/producción instalados en el edificio Brill de Nueva York, que incluía a intérpretes que iban desde los Drifters a las Shirelles. También se potenció el extraordinario baile llamado twist, los innovadores éxitos del «wall of sound» (muro de sonido) producidos por el niño prodigio Phil Spector, el imparable fluir de material de baile vibrante que se escribía, producía y grababa en las instalaciones de Hitsville, de la Motown, en Detroit, y los sonidos de «surf y coche deportivo sexy» que procedían de grupos californianos como los Beach Boys.

10 álbumes top:

- Sgt Pepper's Lonely Hearts Club Band, The Beatles
- (What's The Story) Morning, Glory Oasis
- Brothers In Arms, Dire Straits
- Greatest Hits (Volume One), Queen
- Jagged Little Pill, Alanis Morisette52
- Eagles: Their Greatest Hits, Eagles
- The Wall, Pink Floyd
- Sin título (IV), Led Zeppelin
- Back in Black, AC/DC
- The Beatles (el álbum blanco), The Beatles

En irónico contraste con las tensiones mundiales de la era nuclear, el pop adoptaba un optimismo juvenil: era la ansiada diversión en un mundo turbulento, por lo que no era tanto un medio de expresión como una forma de escapismo. No obstante, aunque Estados Unidos marcó la pauta respecto a la música popular durante gran parte del siglo XX, el statu quo estaba a punto de cambiar. Algunos chicos británicos, cuyas vidas fueron transformadas por el rock and roll y el rhythm & blues (R&B), imprimían a la música su propio estilo y personalidad. Al llevarla de vuelta al otro lado del Atlántico, las olas de la sacudida reverberaron en toda la industria, barriendo virtualmente todo lo que hubo antes que ellos.

En la vanguardia de la «invasión británica» de mediados de los años 60 se hallaban los aparentemente descuidados Beatles, cuyo sonido basado en la guitarra y la batería impregnó toda la escena pop. Mientras tanto, rockeros influidos por el R&B, como los Animals y los Rolling Stones, además de grupos mod como los Who, también aportaron un contraste con sus actitudes despreocupadas y su imagen ligeramente menos pulcra. Durante un corto espacio de tiempo, muchos intérpretes norteamericanos se vieron en la posición sin precedentes de tener que imitar a sus colegas británicos para llegar a las listas de éxitos, aunque, en la segunda mitad de la década, algunos grupos de la Costa Oeste, como los Turtles y los Mamas & the Papas, ayudaron a reequilibrar la balanza.

Por entonces, los despreocupados y divertidos atributos del pop estaban trazando un derrotero paralelo pero distinto de los rasgos francos, introspectivos y experimentales asociados al género de reciente creación que era la música rock, y también de otros estilos musicales que empezaban a surgir. El pop atraía sobre todo a preadolescentes, adolescentes y gente de mediana edad, por lo cual se le llegaría a asociar con cierta comercialidad contagiosa, en el mejor de los casos, o con una burda explotación, en el peor.

Aunque la aparición del reggae, el rap y la música dance verían cómo el compás y el ritmo saltaban al primer plano musical durante las décadas siguientes, la melodía ha seguido ocupando el centro de la corriente principal del repertorio pop. Esto ha oscilado desde el producto «teeny bop» para adolescentes de los Osmonds y Bay City Rollers en los 70, Wham! y New Kids On The Block en los 80 y Hanson y las Spice Girls en los 90, hasta los pegadizos sonidos Europop de ABBA, la homogénea producción en cadena del equipo británico de composición/producción de canciones de Stock, Aitken & Waterman, las elegantes grabaciones de nuevos románticos como Duran Duran y el producto incluso más suave de grupos de chicos como Take That y los Backstreet Boys. De hecho, al usar otros estilos de música e infundirles melodía, los subgéneros han caído en la categoría pop: como la new wave (un vástago del punk) y el 2-Tone (un derivado del ska). Tras separarse del rock e incorporar cualquier cosa desde el funk latino, la música pop sigue evolucionando. Incluso así, su rasgo principal es la propensión a una gratificación instantánea: «Si realmente puedes conseguirlo en tres minutos», comentó una vez Debbie Harry, la cantante líder de Blondie, «eso es música pop».

Rock blues

El rock blues salió del movimiento de blues británico surgido a finales de los 50 y desarrollado en los 60. Los británicos utilizaban una amplificación más potente que sus colegas norteamericanos, lo que daba como resultado un sonido más duro e imponente. Jimi Hendrix, Led Zeppelin y otros intérpretes lo hicieron evolucionar hacia un estilo rock orientado al riff.

«Tuve una [guitarra] Les Paul antes que Eric pero no tenía un [amplificador] Marshall. Cuando Eric juntó todo eso era una delicia escucharle, él entendía realmente el blues.»

Jimmy Page

Entre las primeras bandas de rock blues estaban Cream, los Paul Batterfield Blues Band y Canned Heat. Cream se formó cuando Ginger Baker, batería de la Graham Bond Organisation, decidió crear su propio grupo con el guitarrista Eric Clapton y el bajista Jack Bruce. «Las cosas iban mal con Graham», le dijo Baker al periodista musical Chris Welch, «así que decidí montármelo yo solo. No sabía que Eric tenía tantísimos seguidores. A mí simplemente me gustaba su forma de tocar, así que fui a una actuación de los Bluesbreakers, en Oxford. En el intermedio, Eric me preguntó si yo tocaría un tema con ellos, ¡y realmente funcionó! Así que le dije que estaba intentando formar un grupo, y le pregunté si él estaría interesado. Dijo que lo estaba y recomendó a Jack para el puesto de bajista».

Como los tres miembros del grupo eran muy conocidos en el circuito del blues británico ya cuando se unieron (eran considerados virtuosos de sus respectivos instrumentos), Cream se erigió realmente como el primer «supergrupo». Tocaban a más volumen y más basados en el riff que bandas con influencias blues anteriores, y su estilo incluía prolongados solos: una ca-

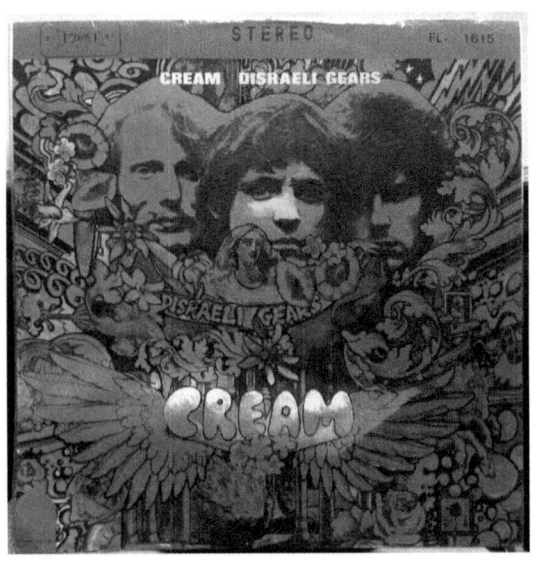

Disraeli Gears fue el segundo álbum del grupo de rock británico Cream.

racterística habitual del rock blues posterior. Pese a durar sólo tres años, los tres primeros álbumes de Cream, *Fresh Cream* (1966), *Disraeli Gears* (1967) y *Wheels Of Fire* (1967), están en general considerados como clásicos del rock blues e hitos en el nacimiento de la música rock. Otras bandas norteamericanas influyentes también habían desarrollado estilos de rock blues a finales de los 60: los Paul Butterfield Blues Band, con Mike Bloomfield y Elvin Bishop a las guitarras, y Canned Heat, una banda de blues blanco formada por el cantante Bob «The Bear» («El Oso») Hite y el armonicista Alan «Blind Owl» («Búho Ciego») Wilson, eran los más notables.

Un deslumbrante showman

Otra figura clave en la transición del blues al rock fue el legendario Jimi Hendrix. Su verdadero nombre era Johnny Allen Hendrix, y nació en Sea-

ttle (Washington), el 27 de noviembre de 1942, más tarde cambió su nombre por el de James (Jimi) Marshall Hendrix.

Influido por legendarios *bluesmen* como Robert Johnson y B. B. King siendo aún un colegial, Hendrix aprendió a tocar la guitarra por su cuenta antes de trabajar con músicos como Little Richard a comienzos de los 60. Su oportunidad llegó cuando Chas Chandler, el bajista de los Animals, le oyó tocar en el Greenwich Village de Nueva York. Chas lo convenció para que fuese a Londres, donde se formó la Jimi Hendrix Experience, con Jimi a la guitarra, Noel Redding en el bajo y Mitch Mitchell a la batería.

Artistas clave:

Cream, The Paul Butterfield Blues Band, Canned Heat, Jimi Hendrix, Led Zeppelin

Jimi Hendrix inventó un nuevo vocabulario de sonidos para la guitarra eléctrica, revolucionando su uso para siempre.

Jimi era un *showman* deslumbrante, capaz de tocar la guitarra por detrás de la cabeza o con los dientes, pero fueron sus extraordinarios solos y su maestría con el *feedback* controlado los que establecieron un nuevo modelo en la forma de tocar la guitarra principal del blues eléctrico. Además de popularizar el uso del *feedback*, Hendrix fue un exponente pionero del wah-wah. Amplió la paleta del rock con su uso de intervalos inusuales (por ejemplo, las quintas disminuidas en la intro de «Purple Haze») y de acordes nuevos (el llamado «acorde Hendrix», un Mi séptima con la novena aumentada también utilizado en «Purple Haze»).

Sus mejores álbumes, *Are You Experienced?* (1967), *Axis: Bold As Love* (1968) y *Electric Ladyland* (1968), demuestran que algo verdaderamente interesante le estaba pasando al blues a finales de los 60. Aunque murió de forma trágica en 1970, Jimi Hendrix iba a influir en innumerables músicos de blues y rock durante muchos años.

La estrella de Led Zeppelin, Jimmy Page, se negó inicialmente a unirse a su primer grupo, ya que pensaba que ganaría más dinero como músico de sesión.

Extendiéndose

A finales de los 60, el rock blues empezó a diversificarse en heavy metal en el Reino Unido y rock blues sureño en Estados Unidos. Led Zeppelin fue, tal vez, la primera banda a la que se consideró heavy metal, pero las raíces blues del grupo son evidentes en todas sus grabaciones, entre ellas los inmensamente populares álbumes Led Zeppelin II *(1969) y* Led Zeppelin IV *(1971).*

El guitarrista del grupo, Jimmy Page, creció escuchando grabaciones de blues y rock and roll, pero una de sus mayores influencias fue oír la guitarra Gibson Les Paul de Eric Clapton a través de un amplificador Marshall mejorado en una actuación de los Bluesbreakers. «Yo tuve una Les Paul antes que Eric ,pero no tenía un Marshall», recordó Page. «Y cuando Eric juntó todo eso era una delicia escucharle. Él realmente entendía el blues.»

Temas clave:
«On The Road Again», Canned Heat
«Stairway To Heaven», Led Zeppelin
«Sunshine Of Your Love», Cream
«The Burning Of The Midnight Lamp», Jimi Hendrix

En ese tiempo, en los Estados Unidos, la Allman Brothers Band estaba fusionando blues eléctrico con elementos country y folk, para crear lo que ahora se conoce como «rock sureño». Álbumes como *The Allman Brothers Band* (1969), *Idlewild South* (1970) y *Live At The Fillmore East* (1971) prepararon el terreno para toda una familia de bandas de rock sureño, entre ellas Lynyrd Skynyrd y Black Oak Arkansas. ZZ Top, un trío de Texas, también salió de la escena del rock blues. Liderado por el barbudo Billy Gibbons (guitarra, voz) y Dusty Hill (bajo, voz), el trío desarrolló su propio estilo de música, que se hizo inmensamente popular en los 70 y 80.

Mientras tanto, en el Reino Unido, el grupo Free inspiró a generaciones de rockers blues británicos con grandes éxitos como «All Right Now» (1970) y «Wishing Well» (1973). Muchos otros intérpretes notables de rock blues han aparecido desde entonces a ambos lados del Atlántico, entre ellos Bernard Allison, Bonnie Raitt, Walter Trout, Dave Hole y Ronnie Earl.

Blues británico

El blues británico nació cuando los músicos del Reino Unido intentaron emular a los bluesmen de Mississippi y Chicago durante los 60. Encabezados por Eric Clapton y los Rolling Stones, estos músicos copiaron los estilos de Big Bill Broonzy, Muddy Waters, Howlin' Wolf y B. B. King y, ayudados por potentes amplificadores, desarrollaron un sonido propio.

«*Pasé la mayor parte de mis años de adolescente y mis primeros veinte estudiando el blues: su geografía y su cronología, además de cómo tocarlo.*»

Eric Clapton

A comienzos de los 50, el primer músico de blues norteamericano que apareció en Inglaterra fue Big Bill Broonzy. Aunque era

Alexis Korner fue el principal hombre que estuvo detrás de la escena británica del blues de los 60.

un popular *bluesman* de estilo de Chicago, sus interpretaciones en el Reino Unido consistieron en folk blues acústico y canciones protesta. Fue la visita de Muddy Waters a Gran Bretaña en 1958 lo que realmente marcó el inicio del movimiento de blues británico. Muddy tocaba una guitarra eléctrica Fender de cuerpo macizo, apoyado por el grupo de blues inglés de Chris Barber, en el que tocaba Alexis Korner y el armonicista de blues Cyril Davies. Tocaban a un volumen que indignaba a los puristas del folk, pero encantaba a un público cada vez mayor.

Inspiración para una nueva generación

Cuando la gira de Muddy hubo finalizado, Korner y Davies siguieron sus ambiciones musicales de forma incluso más apasionada y crearon Blues Incorporated, la primera banda británica de blues. En 1962, el grupo actuaba de forma habitual en el Marquee Club de Londres y tenía un contrato discográfico con Decca. Blues Incorporated inspiró a una generación más joven de músicos, que luego formaron las tres bandas más in-

El legendario álbum *Bluesbreakers With Eric Clapton* fue quizás la grabación más influyente en la historia de la guitarra rock británica.

fluyentes de blues británico: los Bluesbreakers, de John Mayall con Eric Clapton, los Rolling Stones y los primeros Fleetwood Mac, con Peter Green. Eric Clapton fue un fenómeno con los Bluesbreakers: para las grabaciones aumentó el volumen de su amplificador al nivel de las actuaciones y obtuvo un sonido eléctrico más moderno que influyó en músicos como Jimi Hendrix y también Jimmy Page, quien pasó a formar Led Zeppelin.

Sexo, drogas y rock and roll

Los Stones era considerada la máxima banda de blues británico. Hicieron una serie de discos exitosos a mediados de los 60, entre ellos una versión de «Little Red Rooster» (1964), de Willie Dixon, que fue número uno en las listas. También versionaron canciones de Muddy Waters y Howlin' Wolf, incluso insistiendo en que Howlin' fuera un invitado principal en una aparición especial en Estados Unidos. Su legendario estilo de vida de «sexo, drogas y rock and roll» contrastaba con la pulcra imagen de los Beatles de los 60.

En 1966, el blues británico estaba en pleno vuelo: el legendario álbum *John Mayall's Bluesbreakers With Eric Clapton* se puso a la venta ese año. La inclusión de Eric Clapton en este álbum, recién llegado de los Yardbirds, ayudó a que el blues británico llegase a un público más amplio. Grupos como Fleetwood Mac, los Yardbirds (con Jeff Beck) y Ten Years After (con Alvin Lee) se estaban formando, y los Animals empezaban a desarrollar su inimitable marca de blues pop.

Al final de la década, el movimiento de blues británico fue llevado de vuelta a los Estados Unidos, donde fue reabsorbido

Artistas clave:

John Mayall's Bluesbreakers, The Rolling Stones, Blues Incorporated, Eric Clapton

por públicos más numerosos que el original que habían disfrutado los *bluesmen* de Chicago y Mississippi. El éxito de las bandas británicas también animó a primeras bandas de rock blues norteamericanas como la Allman Brothers Band y ZZ Top, quienes ya habían desarrollado sus propios estilos originales.

Aunque ahora el blues británico es visto por muchos como un primer paso en la conversión del blues en rock y heavy metal, fue un estilo característico por derecho propio. Incluso hoy, músicos como John Mayall, Eric Clapton y Aynsley Lister están agitando la bandera del blues británico.

Country rock

En términos de influencias y orígenes, el country y el rock and roll bebían de forma tan parecida de los mismos antecedentes que prácticamente son primos hermanos musicales: ramas del mismo árbol que comparten la misma instrumentación básica de guitarra, bajo y batería.

«Así que tratamos de combinar nuestras raíces de música country con el rock and roll para intentar crear algo nuevo.»
Jim Messina

Dos de los más grandes intérpretes de música country, Johnny Cash y Jerry Lee Lewis, iniciaron sus carreras a mediados de los 50 como parte de la explosión de rock and roll/rockabilly que tuvo lugar en los Sun Studios de Sam Phillips, en

El álbum de Bob Dylan *Nashville Skyline*, de 1969, registra a éste en ocasiones cantante protesta bajo un humor más melodioso. La voz de Dylan en dicho álbum es más suave que su habitual tono rasposo, y las canciones son breves y tiernas, con letras sencillas.

Memphis. Incluso Elvis Presley era anunciado como cantante country y un intérprete habitual en «Louisiana Hayride», una extravagante producción de radio musical country en vivo, re-transmitida desde Shreveport.

Un temprano precursor del moderno movimiento de country rock fue Bob Dylan, que viajó a Nashville a mediados y finales de los 60 para grabar un trío de álbumes: *Blonde On Blonde, John Wesley Harding y Nashville Skyline*. Para estos proyectos, Dylan utilizó a lo más selecto de los músicos de estudio de Music Row para apuntalar sus densas y surrealistas letras con arreglos country guiados por una austera guitarra y una guitarra *steel*. Las exploraciones country rock de Dylan dieron un ímpetu añadido a un movimiento vital de country rock que, a finales de los 60, estaba en marcha en el sur de California, encabezado por bandas pioneras como los Byrds, los Flying Burrito Brothers y Poco.

La explosión del country rock de California

Estos grupos del sur de California salieron de una generación de jóvenes músicos que habían crecido con rock and roll, pero estaban igual de influidos y cautivados por los sonidos de base country de *honky tonkers* como Hank Williams, Merle Haggard y Buck Owens, así como por el antiguo bluegrass y el western swing de intérpretes como Bill Monroe y Bob Wills. En diversos sentidos, estas bandas de California, casi como nadie antes, mezclaron el espíritu de rebelión contracultural de los 60 y la juvenil arrogancia del rock and roll con las actitudes más rurales, los arreglos y los repertorios de la música country.

Country rock californiano

Una figura central de la escena country rock de California fue Gram Parsons, natural de Florida, fugaz estudiante de Harvard y ex adolescente rockanrolero. Cuando Parsons se unió a los Byrds a finales de 1967, ya perseguía de forma resuelta una visión musical que buscaba una fusión sin costuras de rock acústico y honky tonk country teñido de blues en un sonido elusivo que él describió como «música americana cósmica».

Artistas clave:

Bob Dylan, Gram Parsons, Chris Hillman, The Byrds, The Flying Burrito Brothers

Parsons halló un espíritu afín amante de la música country en el cantante californiano y multiinstrumentista Chris Hillman, bajista de los Byrds en ese momento. Bajo la influencia de Parsons y Hillman, la banda se sumergió en el idioma country. Viajando a Nashville, los Byrds trabajaron con músicos de sesión de Music Row en temas que culminaron en su álbum

Gram Parsons fue posiblemente la figura más influyente de la escena del country rock, inspirando a todos desde los Rolling Stones a los Eagles. Parsons murió trágicamente de una sobredosis de alcohol y drogas, a los 26 años.

de 1968 *Sweetheart Of The Rodeo*, un hito del country rock. El crítico e historiador de música country Geoffrey Himes saludó el álbum como «tal vez el más influyente disco de country alternativo que jamás se haya hecho...». Poco después de su publicación, Parsons y Hillman dejaron los Byrds y formaron los Flying Burrito Brothers, otra piedra angular de la unión country rock. *Gilded Palace Of Sin* (1969), de los Burrito Brothers, al igual que *Sweetheart Of The Rodeo*, mezclaba magistralmente las raíces country con el brío del rock and roll, y aún se lo considera un clásico del country rock.

Posteriormente, Parsons se marchó por su cuenta y, a principios de los 70, grabó un par de álbumes solistas muy influyentes, *GP* y *Grievous Angel*, que presentaban a su entonces protegida musical Emmylou Harris. Chris Hillman, por su parte, reaparecería en la escena country a finales de los 80 en la Desert Rose Band. Aunque los discos de la Desert Rose Band estaban muy impregnados de un sonido de armonía tradicional y de sabor bluegrass, en cada ritmo parecían resonar indicios de la gloriosa época de country rock de la California del sur de los 70.

Poco, otro influyente conjunto de country rock de California incluyó en varios momentos a futuros miembros de los Eagles y ex miembros de Buffalo Springfield. La banda creó su propia mezcla vigorizante de country rock, en la que las carreras de la guitarra eléctrica principal al estilo Clapton y Hendrix a menudo eran transpuestas de manera emocionante a la electrificada guitarra steel de pedal de Rusty Young.

Cerrando la brecha cultural

Fueron los Eagles (entre ellos los antiguos integrantes de Poco, Randy Meisner y Timothy Schmit), con su elegante sonido de soft rock country pop, quienes ejercieron una influencia mayor y más persistente sobre el country moderno. Durante el 80 y los 90, en Nashville parecía haber al menos media docena de bandas de armonía que emulaban de modo magistral el ritmo de suave country rock de los primeros Eagles.

La Nitty Gritty Dirt Band comenzó a improvisar como grupo en los 60, influidos por el folk y el rock and roll. Al profundizar más en su herencia musical, descubrieron la música bluegrass, que empezó a aparecer en su propio repertorio.

Álbumes clave:
Blonde On Blonde, Bob Dylan
Gilded Palace Of Sin, The Flying Burrito Brothers
Nashville Skyline, Bob Dylan
Sweetheart Of The Rodeo, The Byrds

En 1972, el grupo de country rock de California la Nitty Gritty Dirt Band también jugó un rol importante en el cierre de la brecha cultural entre los públicos del country y el rock, lo cual fomentaron cuando fueron a Nashville y grabaron el LP de referencia *Will The Circle Be Unbroken*. Este ambicioso conjunto de tres discos presentaba a la Dirt Band en diversos escenarios tradicionales con maestros del country y el bluegrass como Roy Acuff, Mother Maybelle Carter y Earl Scruggs.

Los 70 vieron el ascenso de un puñado de rockeros country de Nashville como el ex músico de estudio de Music Row Charlie Daniels. Hank Williams, Jr., con la fuerza de álbumes de referencia del country boggie como *Hank Williams Jr. And Friends* y *Family Tradition*, obtuvo una gran masa de seguidores estadounidenses: ruidosos y juveniles fans rock que ya sintonizaban con la música de formativas bandas de rock sureño, como la Allman Brothers Band y Lynyrd Skynyrd. Williams, hijo de la leyenda del *honky tonker* Hank Williams, Sr., en realidad tenía un estilo más afín a estos formativos conjuntos de rock sureño de los 70 que a sus contemporáneos del country. Aunque sus discos siempre contenían elementos de country, la mayoría de las veces sus conciertos en vivo eran puro hard rock reventador de tímpanos.

En los 80, cantautores de Texas como Joe Ely y Steve Earle ganaron seguidores de culto con unos estilos musculosos que incorporaban la intensidad del rock and roll al sonido vibrante y el ánimo del honky tonk de estilo Texas. También a comienzos de los 80, algunos grupos de Nashville, como los Jason & the Scorchers (una vez descritos como «rockanroleros no comprometidos con corazones montañeses»), sentaron las bases de una frenética serie de country rock punk que prefiguró el movimiento alternativo country de los 90.

Folk rock

Para muchas personas de los 60, el folk era equivalente a música acústica o incluso música sin acompañamiento: y las guitarras eléctricas eran el gran tabú. El sentido de la propiedad de los «revivalistas» de la época les hacía proteger a capa y espada el género, decididos a conservar su pureza frente al ataque de las fuerzas malignas del pop. Muchos veían a la guitarra eléctrica como el enemigo.

«A mí me parecía que para un grupo de rock era un experimento muy natural y emocionante explorar la cultura de su propia música folk.»

Ashley Hutchings

Por eso se dice que Pete Seeger había intentado desenchufar el equipo de Bob Dylan durante su célebre actuación en el festival

Fairport Convention, que ha sufrido un extraordinario número de cambios en su formación a lo largo de los años, interpretaba en los 60 y 70, versiones revisadas de canciones folk tradicionales de las islas británicas con gran aclamación de la crítica.

folk de Newport de 1965, cuando tocó con miembros de la eléctrica Paul Butterfield Blues Band. En Inglaterra, se oyó el grito de «Judas» cuando repitió la fórmula. Sin embargo, los primeros estruendos de una nueva fusión de rock y folk no vinieron del núcleo duro de la fraternidad folk, sino de grupos de rock que buscaban una nueva ideología. Durante mucho tiempo hubo una galería de grandes intérpretes de blues interpretados por jóvenes blancos, y con resultados espectaculares, como Elvis, los Rolling Stones y los Yardbirds, entre otros. Al diversificarse la música rock a finales de los 60, era natural que los músicos jóvenes tratasen de hacer evolucionar lo que les parecía un formato rígido para tocar música folk.

La evolución de Dylan hacia el rock abrió las puertas. A continuación, cuando los Byrds empezaron a tener éxitos con canciones de Dylan, y surgieron bandas como Jefferson Airplane con un fuerte sabor de folk blues, era evidente que los tiempos estaban cambiando. En Inglaterra, Fairport Convention siguió el ejemplo de Jefferson Airplane, pero algo les llevó a darse cuenta de que había un rico tesoro de música nativa en su propio patio trasero. Fue el bajista Ashley Hutchings quien condujo la energía de Fairport Convention hacia la música tradicional, con el álbum de referencia *Liege & Lief* (1969). El disco fue saludado como el primer álbum de folk rock británico, atrayendo a un nuevo público a la banda y la música tradicional con la que estaban experimentando, aunque provocó cierta disensión entre sus filas. Los dos claros miembros principales del grupo, Sandy Denny y Richard Thompson, preferían desarrollar su propia manera de escribir canciones a seguir el camino tradicional. Al final, esta desavenencia causó la partida de Denny y Thompson, así como la de Ashley Hutchings.

Una mezcla de antiguo y moderno

Ashley Hutchings, ex miembro de Fairport Convention, pasó a convertirse en la figura fundamental del folk rock inglés, formando Steeleye Span con dos jóvenes partidarios incondicionales de la escena de club folk, Maddy Prior y Tim Hart. Cuando también se les unió Martin Carthy, el más admirado y joven cantante de revival de la escena, muchos puristas del núcleo duro tuvieron que revisar su actitud hacia la fusión folk rock.

Artistas clave:

The Byrds, Fairport Convention, Steeleye Span, Albion Country Band

Steeleye, llamado así a partir de un personaje de la canción tradicional «Horkstow Grange», editó un segundo álbum, *Please To See The King*, una audaz y seminal mezcla de lo antiguo y lo moderno que captaba genuinamente el espíritu de las canciones tradicionales en un formato actual. También captó la imaginación del público, y pese a los cambios de personal a lo largo del camino (ni Hutchings ni Carthy iban a quedarse mucho tiempo), Steeleye se convirtió en un grupo de éxito duradero. No sólo logró la en apariencia imposible hazaña de revivir la música folk, sino que realizaron giras por todo el mundo e incluso disfrutaron de algunos inesperados sencillos de éxito, especialmente con una canción en latín, «Gaudete», y una versión optimista del clásico tradicional «All Around My Hat». La cantante Maddy Prior, al igual que Martin Carthy, fue posteriormente condecorada como Miembro de la Orden del Imperio Británico.

Mientras Steeleye alcanzaba el éxito pop, Ashley Hutchings experimentaba cada vez más profundamente con la canción y el baile tradicional a través de las numerosas encarnaciones de la Albion Band. Logró sus resultados más espectaculares con su entonces esposa, Shirley Collins, cantando en el álbum clásico *No Roses*, que reunió a la mayoría de los principales músicos folk británicos del momento. Hutchings también fue el cerebro de *Morris On* y (con John Kirkpatrick) *The Compleat Dancing Master*, primeros álbumes de los 70 en estimular el renacimiento de los aires de danza. En determinado momento, la Albion Band incluso llevó en sus giras a un conjunto de danza Morris (de folklóre británico).

Uno de los grupos más exitosos y duraderos del folk rock británico de los 70 fue Steeleye Span, impulsado por la impresionante voz de su cantante principal, Maddy Prior.

Una herencia duradera

El temprano éxito del folk rock tuvo un profundo efecto sobre la música folk. Por lo menos, provocó la aparición de una legión de grupos imitadores de los Steeleye, Fairport y Albion. Pocos de ellos aportaron algo nuevo, aparte del Mr Fox, de Bob y Carole Pegg (que tocaban canciones contemporáneas escritas al estilo tradicional), Five Hand Reel (con Dick Gaughan a la voz solista y la guitarra eléctrica) y los vástagos de los Albion, Home Service, gloriosamente encabezados por dos de los mejores y más pintorescos autores de canciones de la escena, John Tams y Bill Caddick.

En los 80, la industria discográfica y los medios de comunicación habían perdido interés en este estilo, y la cada vez menor rentabilidad impidió que surgieran nuevas bandas de folk rock. El único grupo que resistió a esa tendencia ha sido la Oyster Band (más tarde Oysterband), que surgió del circuito del baile folk para alcanzar éxito y popularidad como banda de rock folk, con unos miembros muy versados en música tradicional, pero utilizada como plataforma de lanzamiento de su muy cargado material, a menudo político.

Álbumes clave:
Liege & Lief, Fairport Convention
No Roses, Albion Country Band
Please To See The King, Steeleye Span

Pero más allá de eso, el folk rock dejó una herencia duradera con una nueva generación familiarizada con aquella música. El resultado a largo plazo es que su influencia se ha extendido por todas partes, y continúa haciéndolo. En 1970, la banda de rock Traffic hizo un elaborado arreglo de la canción tradicional «John Barleycorn», mientras que otros intérpretes de referencia (como Robert Plant y Jimmy Page, de Led Zeppelin, Mike Oldfield y la banda Jethro Tull) se han inspirado en elementos de la tradición.

La gaitera de Northumbria Kathryn Tickell ha tocado en discos de Sting, y nadie mueve una pestaña al oír un bajo, una batería y una guitarra eléctrica en un disco folk. O, más significativamente, una canción tradicional o arreglo folk deslizándose en un disco de rock.

Inicialmente pensaron llamarse los New Yardbirds; el nombre de Led Zeppelin les llegó gracias a Keith Moon y John Entwistle, quienes comentaron que el nuevo y áspero sonido del grupo caía como un «zepelín de plomo».

Hard rock

El hard rock (o rock duro) es un cruce entre rock and roll y blues, pero con más volumen: todo a nivel «11» o «uno más alto», como bromearía el guitarrista Nigel Tufnell, del grupo rock Spinal Tap. La guitarra eléctrica es el instrumento principal del hard rock, y la mayoría de sus canciones se basan en un riff de guitarra.

> «Toda gran canción rock posee un gran riff, ya sea una melodía de una sola nota o una secuencia basada en acordes, y eso probablemente es lo que la convierte en una gran canción.»
>
> Billy Corgan, Smashing Pumpkins

El clásico ejemplo de riff de guitarra de hard rock es el comienzo «dur, dur, dur...» del «Smoke On The Water» del álbum Machine Head (1972), de Deep Purple, gloriosamente simple y, sin embargo, espectacularmente eficaz y memorable. Un riff es una breve serie de notas, con frecuencia en un registro bajo, repetidas varias veces al comienzo de una canción y que luego se repite varias veces más antes del final.

Los primeros grupos de hard rock, como la Jimi Hendrix Experience, Cream y Led Zeppelin, aparecieron a finales de los 60. Es inestimable la contribución que Hendrix hizo a la música rock, en general, y al hard rock, en particular, al revolucionar el sonido de la guitarra, inventando un vocabulario sonoro nuevo que incluía el control de la distorsión y el feedback para crear efectos musicales, como puede oírse en «Foxy Lady», de Are You Experienced? (1967). Cream, con Eric Clapton a la guitarra (tras dejar a los Bluesbreakers de John Mayall), hizo de las sesiones improvisadas en el escenario una propuesta viable para los músicos de rock, como se puede comprobar en su viaje de montaña rusa a través del «Crossroads» de Robert Johnson, del álbum Wheels Of Fire (1968); asimismo, muchas bandas de hard rock dieron y siguen dando importancia al virtuosismo instrumental.

Formado por el guitarrista Jimmy Page, Led Zeppelin demuestra que el hard rock es un campo más amplio de lo que sus críticos podían hacer creer. Su primer álbum, Led Zeppelin (1969), está muy basado en el blues; Led Zeppelin II (1969) incluye el explosivo «Whole Lotta Love», que, junto con la música de Black Sabbath, fue muy influyente en el estilo heavy metal; Led Zeppelin III (1970) muestra un lado más folk y acústico; y Led Zeppelin IV (1971) incluye el famoso «Stairway To Heaven», una de las canciones más ambiciosas y populares de la banda.

El pavoneo

Muchos oyentes podrían considerar equivalentes los sonidos del hard rock (o rock duro) y el heavy metal, pero, aunque hay puntos en común, existen importantes diferencias. El hard rock se basa generalmente en el blues y, a veces, se toca con cierto swing o, al menos, cierto «pavoneo» derivado del blues; por su lado, el heavy metal, inspirado por el «Whole Lotta Love», de Led Zeppelin, y la música de Black Sabbath, se basa mucho menos en el blues y es más brutal.

Artistas clave:

Deep Purple, Jimi Hendrix Experience, Cream, Led Zeppelin, Queen

La banda británica Queen llevó el hard rock a un nuevo nivel de sofisticación con la semioperística «Bohemian Rhapsody», de A Night At The Opera (1975), que incluye una larga sección vocal de varias pistas (que el grupo, comprensiblemente, no podía recrear en vivo), seguida de una apabullante sección de riffs: el contraste entre interludios delicados y un fortísimo riff es popular en los grupos de hard rock. Desde luego, no se puede decir que sea sutil...

El interés por el hard rock decayó a mediados de los 70, cuando la escena estaba algo viciada y la atención del oyente se desvia-

Eddie van Halen, del grupo de rock Van Halen.

ba al punk rock y la new wave, pero lo reactivó la banda estadounidense Van Halen con su primer álbum, *Van Halen I* (1978). Al guitarrista Eddie Van Halen, que tocaba con un entusiasmo, una agresividad, una energía y una teatralidad espectaculares (rasgo ausente en muchas bandas de hard rock), se le atribuye la reinvención del vocabulario de la guitarra eléctrica. Eddie Van Halen comenzó tocando la batería, con su hermano, el guitarrista Alex, hasta que cambiaron de instrumentos. La calidad de su grupo, con David Lee Roth en la parte vocal y Michael Anthony al bajo, fue reconocida por Gene Simmons, de Kiss.

Sexo, drogas y rock'n'roll

Así como gran parte de la música es ampulosa y más grande que la vida, muchos músicos de hard rock llevan un estilo de vida excesivo..., hasta que éste los mata, claro. Irónicamente, AC/DC volvieron más fuertes que nunca tras la muerte de su cantante Bon Scott, con Back In Black (1980).

Aerosmith parecían destinados a perderse en la nebulosa de la historia después de que los estragos de la droga desviasen su carrera (el cantante Steve Tyler sobrevivió tras estar al borde la muerte), pero una colaboración con los raperos Run-DMC en «Walk This Way», en 1986, los presentó a una nueva generación; después vino su gran éxito con el álbum Pump (1989).

Temas clave:

«Bohemian Rhapsody», Queen

«Crossroads», Cream

«Foxy Lady», Jimi Hendrix Experience

«Smoke On The Water», Deep Purple

«Stairway To Heaven», Led Zeppelin

Y hablando de locos, malos y gente peligrosa, el Appetite For Destruction (1987) de Guns N' Roses se inspiraba en el rock de los 70, pero tocado con una actitud punk, lo que los convertía en una propuesta emocionante para oyentes más jóvenes que se habían perdido el primer hard rock. En parte debido a que la mayoría de los músicos de hard rock se toman su música y su arte en serio, muchas bandas y músicos de hard rock han disfrutado de largas carreras; en el cambio de milenio, Deep Purple, Eric Clapton (de Cream), Jimmy Page y Robert Plant (de Led Zeppelin), Aerosmith y AC/DC aún gozaban de carreras productivas. A esta «vieja guardia» del hard rock se han sumado nuevas bandas como Metallica y Pearl Jam, que dieron el salto desde el thrash metal y el grunge respectivamente.

Rock psicodélico

Varios movimientos musicales se asocian de forma directa o indirecta con alguna droga específica; el rock psicodélico fue un paso más allá, y prácticamente nació del LSD (dietilamida del ácido lisérgico), así como de otros alucinógenos, entre ellos el peyote, la mescalina e incluso la marihuana.

> *«La ética psicodélica [...] recorre la corriente principal de la música como un fluir tranquilo. Las ideas musicales se pasan de grupo en grupo como un porro.»*
>
> Richard Goldstein

Gran parte del rock psicodélico trata de recrear la mente ampliando la conciencia de las sensaciones en un «viaje de ácido»: la contracultura de los 60 puso gran énfasis en expandir la propia mente a través de drogas psicotrópicas. Así, los músicos hicieron uso de la nueva tecnología de estudio disponible y emplearon efectos como la distorsión en las guitarras y los instrumentos exóticos como el sitar, y se apartaron de las estructuras de la canción tradicional, de «intro-estrofa-estribillo-estrofa-estribillo-sección media-estrofa-estribillo final». También buscaron inspiración y formas de expresión en otros campos, desde el jazz hasta la música india, por ejemplo. George Harrison, de los Beatles, se interesó por el sitar que se utilizaba en una escena en un restaurante indio en la película Help! de los Beatles, lo que llevó al grupo a interesarse en la cultura oriental.

Los Yardbirds trataron de explorar este campo con su sencillo «Heart Full Of Soul» de 1965. En un esfuerzo por ampliar su sonido y mezclar Oriente y Occidente en una especie de crisol cultural, el grupo reclutó a un músico de sitar para tocar el motivo instrumental de la canción. Por desgracia, el desventurado músico de sitar estaba tan acostumbrado a tocar complejos ritmos orientales que no pudo cogerle el truco al ritmo básico de rock, de modo que el guitarrista Jeff Beck imitó el sonido del sitar con una distorsión.

Artistas clave:

The Yardbirds, The Byrds, The Beatles, The Rolling Stones, The Doors

Esta anécdota ilustra claramente el problema que existe con cierta clase de rock psicodélico: mezclar elementos musicales dispares puede sonar bien sobre el papel, pero en la práctica tal vez no funcione. En consecuencia, cuando el rock psicodélico funciona puede representar a la música rock en su lado más ambicioso y emocionante, pero cuando no funciona puede parecer incompetente, pretencioso y temerario.

Forever Changes, de Love, es una obra maestra psicodélica, con unos arreglos muy inspirados y unos deliciosos sonidos susurrantes.

Sonidos inducidos por las drogas

En uno de los primeros discos psicodélicos, el sencillo «Eight Miles High» (1966) de los Byrds, el guitarrista del grupo, Roger McGuinn, trataba de emular al saxofonista de jazz John Coltrane y también mostraba una influencia india en su divagadora improvisación. Se pensó que las letras estaban inspiradas por las drogas (una acusación a menudo dirigida a los grupos psicodélicos), aunque los Byrds lo negaron.

John Lennon trató de recrear la experiencia de un viaje de LSD en «Tomorrow Never Knows» (Revolver, 1966), de los Beatles, tema con múltiples bucles de cinta, una voz solista procesada, un solo de guitarra de fondo y una letra inspirada por el gurú del LSD Timothy Leary y el Libro tibetano de los muertos; George Harrison contribuyó con una parte de interpretación al sitar. El sencillo «Paint It Black» (1966) de los Rolling Stones utilizaba también un sitar con gran efecto; aquella pasajera encarnación psicodélica culminó en Their Satanic Majesties Request (1967).

El «Verano del amor»

1967, el llamado «Verano del amor», fue un año importante para el rock psicodélico en Estados Unidos y Gran Bretaña. En Estados Unidos, los Doors publicaron su homónimo primer álbum; las muy poéticas letras de Jim Morrison, el órgano hipnótico del teclista Ray Manzarek y las improvisaciones del guitarrista formado en el flamenco Robbie Krieger resultaron ser una mezcla embriagadora. Surrealistic Pillow, de sus colegas norteamericanos Jefferson Airplane, contenía «White Rabbit» con una letra a lo Alicia en el País de las maravillas y una introducción triste con influencias flamencas. Liderado por Arthur Lee, Love produjo un clásico con Forever Changes, de 1967, cuyos puntos culminantes incluyen el clásico «Alone Again Or»; el álbum no tuvo éxito comercial, pero habitualmente es aclamado por los críticos.

El sonido psicodélico

Al otro lado del Atlántico, el primer álbum de Pink Floyd, The Piper At The Gates Of Dawn, revelaba un sentido inglés de la extravagancia (por ejemplo, en el tema «Bike»), un rock espacial (en «Astronomy Domine») y un gusto por la experimentación de vanguardia (en «Interstellar Overdrive»). Los Move captaron la psicodelia del ambiente underground de Londres con «I Can Hear the Grass Grow», que transmitía la experiencia de un colocón de marihuana.

Temas clave:

«Eight Miles High», The Byrds
«Heart Full Of Soul», The Yardbirds
«Light My Fire», The Doors
«Lucy In The Sky With Diamonds», The Beatles
«Paint It Black», The Rolling Stones

Los Beatles abrazaron el espíritu psicodélico de los tiempos en Sgt Pepper's Lonely Hearts Club Band, de lo cual es ejemplo «Lucy In The Sky With Diamonds»: John Lennon negó que la canción fuese sobre LSD, pero las letras oníricas y surrealistas reflejan claramente la experiencia lisérgica, sea o no de forma intencionada. Para «A Day In The Life», del mismo álbum, se pidió a los músicos de toda una orquesta sinfónica que empezasen desde su nota más baja, y luego subieran hasta la nota más alta de una forma no sincronizada, como en un intento por simular el efecto de un «subidón» de droga. Una de las bandas psicodélicas de mayor duración fueron los Grateful Dead. La improvisación era una gran parte de la constitución musical de los Dead, como puede oírse en el álbum Live/Dead (1969), que contiene «Dark Star», una canción que nunca se tocaba dos veces del mismo modo.

En conjunto, el rock psicodélico fue un fenómeno relativamente efímero con grupos que o bien se separaban o se desplazaban a un nuevo territorio musical, como los Byrds, que se pasaron al country rock, y Pink Floyd, que lograron hacer que el rock progresivo tuviese éxito comercial. El rock psicodélico fue en gran parte un fenómeno de los 60, aunque, en Gran Bretaña, Jason Pearce condujese una valerosa cruzada en solitario para su renacer a finales de los 80 y los 90, primero con el desvencijado Spaceman 3, cuya caótica y abrumadora mezcla de neopsicodelia se puede oír en Playing With Fire (1989), luego junto al líder de Spiritualized en Ladies And Gentleman We Are Floating In Space (1997), en general más logrado y aclamado por la crítica. No obstante, el renacer más notable del rock psicodélico se produjo con el aumento de popularidad en los 90 del trance, un estilo de música de baile del cual se le considera un precursor.

Las incursiones de George Harrison en la música india aportaron otro sabor exótico a la música psicodélica. Aquí aparece con Ravi Shankar, quien le enseñó los rudimentos de la interpretación del sitar.

Uno de los grupos que definen el sonido del rock sureño, la Allman Brothers Band.

Rock sureño

Inspirado en las bandas de potente rock blues de finales de los 60 como Cream y los Grateful Dead, el rock sureño se materializó con la edición del homónimo primer álbum de 1969 de la Allman Brothers Band, en el que una fusión de rock and roll, blues, country y jazz se embellecía con un marcado aire de buenos tipos directamente sacados de algún estado al sur de Pensilvania.

«El rock and roll nació en el sur, así que decir rock sureño es como decir rock rock.»

Gregg Allman

Naturales de la localidad estadounidense de Macon (Georgia), los Allman siempre se resistieron a la etiqueta de rock sureño. La banda sufrió muchos cambios personales a lo largo de los años, los primeros de ellos debido a la muerte en accidente de moto del guitarrista Duane Allman, en octubre de 1971, y a la del bajista Berry Oakley, sólo un año después. Antes del fatal accidente de Duane, en los álbumes Idlewild South y Live at the Filmore East, él y el otro guitarrista principal, Dickey Betts, intercambiaban solos con el teclista y vocalista Gregg Allman en una formación equilibrada que realzaba sus interpretaciones de rock blues con sofisticadas estructuras de jazz y técnicas clásicas. Tras la muerte de Duane, a mitad del proceso de grabación del álbum Eat A Peach, Betts asumió todos los deberes del guitarrista líder y, mientras aparecía también como cantante y autor de canciones, condujo la banda en una dirección más reposada, orientada al country, como se evidencia en Brothers And Sisters, de 1973.

A partir de aquí, una combinación de disputas internas y problemas relacionados con el alcohol y las drogas contribuirían a hacer decrecer los logros de la Allman Brothers Band durante el resto de la década. No obstante, el grupo había cambiado el mapa musical de Estados Unidos, y, al hacerlo, también había preparado el terreno para que otros numerosos grupos de rock sureño disfrutasen de éxito en el mainstream.

Irónicamente, sin embargo, la banda que más acercó el rock sureño al mainstream fue un grupo de California, Creedence Clearwater Revival. La esencia de su marchoso rock con influencias bayou está contenida en éxitos como «Proud Mary» y la ubicua «Bad Moon Rising», que desde entonces se convirtió en un clásico del repertorio de todo grupo aficionado.

El éxito de Skynyrd

El grupo definitivo de rock sureño, Lynyrd Skynyrd, naturales de Jacksonville (Florida), contaban con un sonido «heavy rock blues», el talento para escribir canciones de Ronnie Van Zant y una excelente formación de tres guitarras, con Allen Collins, Gary Rossington y Ed King, los cuales figuraban de forma destacada en la primera canción de éxito de la banda, «Freebird», un homenaje al fallecido y llorado Duane Allman.

Artistas clave:

The Allman Brothers Band, Creedence Clearwater Revival, Lynyrd Skynyrd

En 1974, tras actuar como teloneros en la gira de Quadrophenia, de los Who, Skynyrd alcanzaron un éxito de multiplatino con su ampuloso álbum, Second Helping, del cual salió el sencillo de éxito «Sweet Home Alabama» y ayudó a cimentar las credenciales del grupo tanto en el estudio como en las giras.

Van Zant estaba floreciendo como compositor y letrista, pero la tragedia le golpeó en octubre de 1977 cuando, sólo tres días después de la puesta a la venta del álbum del grupo Street Survivors, murió en un accidente de avión camino de Baton Rouge (Louisiana). En el accidente también falleció la corista Cassie

La banda de rock sureño Lynyrd Skynyrd fusionó el muy explotado poder del rock blues con una imagen rebelde sureña.

Gaines y su hermano Steve, que se había unido a Skynyrd como guitarrista tras la marcha de Ed King.

Al igual que la Allman Brothers Band, Lynyrd Skynyrd se separaron y más tarde se volvieron a juntar con una formación renovada. A pesar de la aparición de grupos como los Georgia Satellites, los Black Crowes, Widespread Panic y la Dave Matthews Band durante los 80 y los 90, los días felices del rock sureño habían pasado sin haberse recuperado nunca de la desaparición de sus dos principales figuras.

In The Court Of The Crimson King, el impecable disco debut de King Crimson es considerado como el primer álbum de rock progresivo de la historia.

Rock progresivo

«Ir audazmente a donde ningún grupo ha ido nunca antes...» podría ser el lema de los grupos de rock progresivo, que llevaron la música rock a lugares en los que nunca había estado en términos de armonía y estructura. Tienden a favorecer canciones largas con prolongadas partes instrumentales, siendo la guitarra y los teclados los instrumentos principales, con un énfasis en la destreza y el virtuosismo instrumental.

«Históricamente, los músicos sentían verdadero dolor si el público expresaba desagrado. Nosotros no hacíamos eso. Nosotros le decíamos al público que se fuese a la m...»
Frank Zappa

Muchas canciones de rock progresivo poseen diferentes secciones o partes, como una sinfonía clásica. Por ejemplo, «Starship Trooper», de The Yes Album (1971), de Yes, tiene tres secciones distintas: «Life Seeker», «Disilussion» y «Würm». Esencialmente, el rock progresivo es música de la mente más que del cuerpo.

Inspirados por la escena psicodélica de finales de los 60, grupos como los Nice, los Moody Blues y Procol Harum empezaron escribiendo un estilo de música influenciada por sonidos y estructuras musicales clásicas y sinfónicas, creando una forma de rock sinfónico que sentó las bases del rock progresivo. Esto puede oírse en el primer sencillo, y canción más conocida, de Procol Harum «A Whiter Shade Of Pale» (1967), donde la progresión de acordes estaba influida por la música de J. S. Bach.

Los últimos 60 vieron los inicios de dos de las bandas de rock progresivo de más largo aliento, King Crimson y Yes, que llevaron el virtuosismo instrumental y las estructuras compositivas de las canciones a nuevos niveles. El imponente debut de King Crimson In The Court Of The Crimson King (1969), que incluye su canción de referencia «21st Century Schizoid Man», no sólo posee la habilidad instrumental asociada al rock progresivo, sino también un rock más duro que el de los otros rockers progresivos. Tras unos comienzos distintivamente psicodélicos, Yes forjó su identidad única en Close To The Edge (1972), con unas caras del álbum con duración de «suites», lo que permitía a los cinco miembros del grupo ejercitar sus músculos musicales.

Teatrales y grandiosos

Algunos rockeros progresivos pusieron en escena espectáculos teatrales, y Peter Gabriel, el entonces cantante principal de Genesis, llevaba extraños vestidos a modo de extensión visual de la música. En los 80, Genesis hizo la transición a grupo de rock pop del mainstream, pero, a comienzos de los 70, era un grupo de rock progresivo, como puede oírse en Foxtrot (1972).

Tres músicos ya establecidos, Emerson, Lake y Palmer formaron el primer «supergrupo» de rock progresivo (formado por miembros que ya tenían un nombre por sí mismos en otros grupos); su reelaboración de los Cuadros de una exposición (1972) de Mussorgsky llevó la combinación de música clásica y rock a su extremo lógico, es decir, la de una banda de rock versionando una pieza clásica.

Artistas clave:

Procol Harum, The Moody Blues, Yes, King Crimson, Pink Floyd

Pink Floyd empezó su carrera como grupo psicodélico y luego, tras la marcha del autor de canciones Syd Barrett, se orientó más hacia el rock progresivo, aunque el sustituto de Barrett, David Gilmour, aportó una influencia blues característica. Pink Floyd consiguió hacer que el rock progresivo fuese más accesible con su álbum superventas Dark Side of the Moon (1973), que atenuaba los excesos del género. Para sus críticos, los rockeros progresivos eran pomposos y autocomplacientes (de lo cual era

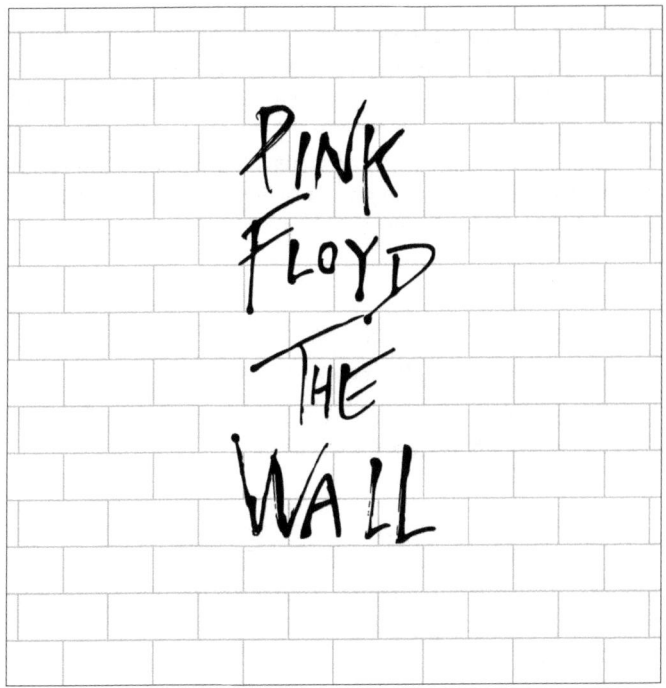

El rock progresivo de Pink Floyd fue uno de los más accesible. Su grandioso *The Wall* (1979) les proporcionó su primer sencillo número uno, una lujosa gira y una película basada en él.

un claro ejemplo el famoso triple álbum conceptual de Yes Tales Of Topographic Oceans, de 1974), o simplemente BOF («boring old farts», es decir, «aburridos pedos viejos»); también se les consideraba elitistas, pues se requería una considerable capacidad musical para tocar rock progresivo. Y para cada acción hay una reacción; discurriendo junto al rock progresivo, el pub rock llevó la música de nuevo a sus raíces, ofreciendo una alternativa más terrenal, luego el punk rock escupió a la cara del rock progresivo e intentó destruirlo por completo.

Como si no hubiera existido el punk

Aunque el punk ganó todos los titulares y sentó en el banquillo a los rockeros progresivos a mediados de los 70, al parecer, a éstos no se los podía mantener en la reserva; así, muchos grupos de rock progresivo sobrevivieron para disfrutar de carreras bastante más largas que los punks. Pese a formaciones casi siempre cambiantes, tanto King Crimson como Yes han continuado grabando y dando giras, y THRAK (1995), de King Crimson, demostró que aún son una fuerza creativa con algo que decir.

Temas clave:
«A Whiter Shade Of Pale», Procol Harum
«Nights In White Satin», The Moody Blues
«Starship Trooper», Yes
«21st Century Schizoid Man», King Crimson

Casi merecedor de una categoría musical propia, Frank Zappa inició su carrera musical a mediados de los 60 con Freak Out (1966), y siguió componiendo y grabando hasta su muerte en 1993. Como el rock progresivo, la música de Zappa bebía de una multitud de estilos musicales, con frecuencia exigiendo el más alto nivel instrumental de una plantilla de músicos siempre cambiante; pero, a diferencia de los rockeros progresivos sus letras a menudo eran humorísticas o muy sarcásticas.

En los 80, la banda del Reino Unido Marillion enarboló valientemente la bandera del rock progresivo, nadando de forma desafiante contra la corriente con su álbum conceptual Misplaced Childhood (1985), e incluso produciendo un par de sencillos de éxito. En los 90, el grupo norteamericano Dream Theatre presentó el rock progresivo a una nueva generación más joven; sus instrumentistas tenían una cuidada formación musical y lograban una impecable musicalidad.

Bandas jam

A finales de los 60, los Grateful Dead empezaron a atraer a una masa de seguidores a la escena de conciertos de la zona de la bahía de San Francisco. Gracias a jams improvisatorias que exhibían la fusión de folk, rock, country y blues del grupo, se indicaba que el rock and roll echaba mano de la tradición de la improvisación que, durante mucho tiempo, había sido frecuente en otras formas de música occidental.

«Es como si estuvieses haciendo surf: la ola es más fuerte que tú. Si te relajas y no tienes miedo, y si vas con el fluir de la ola, puedes cabalgarla. Pero si intentas luchar contra ella, serás aniquilado.»

Trey Anastasio, Phish

Esto había sido una característica clave en la música occidental hasta el clasicismo, época en la que compositores como Mozart eran célebres improvisadores al teclado. Sin embargo, a comienzos del siglo XIX, en la cúspide del movimiento romántico, el complejo lenguaje musical de los compositores quedó

Artistas como Frank Zappa introdujeron la improvisación en la escena rock.

establecido, dejando poco espacio para que los músicos impro-
visaran.

Al inicio del siglo XX, esto aún era la norma en Europa, mientras
que en Estados Unidos predominaba un aire de mayor colaboración entre los primeros músicos de jazz que, virtualmente,
creaban la música al tiempo que la tocaban. Y fue este enfoque, transmitido durante generaciones por grandes músicos
como Louis Armstrong, Duke Ellington, Charlie Parker, Ornette
Coleman, Miles Davis y John Coltrane, el que posteriormente
adoptaron, entre otros, los Grateful Dead, Frank Zappa & the
Mothers of Invention y la Allman Brothers Band. Asimismo
imitaron la inclinación de los músicos de jazz por fusionar diversos estilos musicales sobre el escenario y en álbumes como
Anthem Of The Sun, de los Dead, y Idlewild South y Eat A Peach,
de la Allman Brothers Band.

Eclecticismo musical

*Durante los 90, surgió una nueva generación de bandas jam. Siguiendo el
ejemplo de los Dead y la Allman Brothers Band, aunque fusionaban cualquier cosa desde el rock, el soul y el jazz hasta el bluegrass y el worldbeat,
grupos como los Spin Doctors, Blues Traveler, Widespread Panic y Phish
empezaron a abrirse su propio hueco.*

Creándose una base de seguidores por medio de constantes
giras, lo que estos grupos y sus predecesores han compartido
normalmente es un sólido vínculo con su público (incluso ani-
mándoles a grabar sus conciertos), así como una comprensible
capacidad para trasladar al disco todo su atractivo en vivo. Sin
embargo, esto no significa que algunos de ellos no hayan gozado de triunfos en las listas.

Artistas clave:

The Allman Brothers Band, Blues Traveler, The Grateful Dead, Phish,
The Spin Doctors

Blues Traveler, el cuarteto de rock blues con base en Nueva York, formado en 1988 por el cantante y armonicista John Popper, fue parte de un renacer del prolongado estilo jamming de los 80 y los 70.

Los Spin Doctors, de Nueva York, vieron cómo las ventas de su álbum de 1991 Pocket Full of Kryptonite se disparaban después de que la radio y la MTV ayudaran a convertir «Little Miss Can't Be Wrong» en un éxito en las listas de sencillos; y, en gran parte, lo mismo experimentó otra banda salida de la Gran Manzana, Blues Traveler. When Four, el cuarto álbum de los Traveler, se puso a la venta en septiembre de 1994 y, con el tiempo, alcanzó unas ventas de «quíntuple platino», abriendo camino al sencillo «Run Around», uno de sus mayores éxitos de 1995.

A la inversa, el grupo que se ha instalado en la escena de las bandas jam, mientras se acercaba más a asumir el manto de Grateful Dead, es uno de Vermont que nunca ha sido capaz de traducir sus éxitos en vivo en ventas de discos de estudio, como Junta y A Picture of Nectar. Mezclando folk, bluegrass, country, jazz y rock and roll, Phish ha establecido nuevos niveles de originalidad en términos de libre improvisación de rock, mientras se convertían en una institución en el circuito universitario norteamericano. Y aquí reside el atractivo de la escena jam, que tiene mucho más que ver con la actuación en directo que con la música enlatada en un disco.

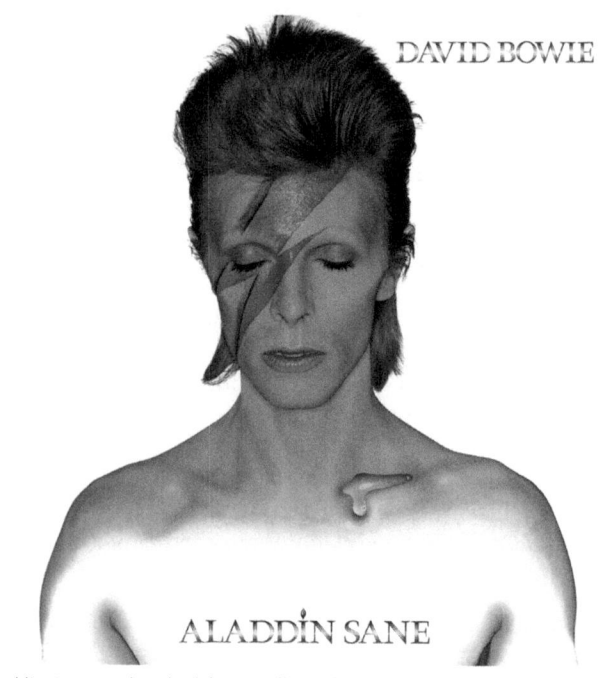

Aladdin Sane es el título del sexto álbum de estudio del artista británico David Bowie.

Glam rock y glitter

Movimiento en gran parte británico, el glam rock y el glitter fueron muy populares a comienzos de los 70: tan populares que un artista, Marc Bolan, tuvo su propia serie de televisión. Inspirado por el primer rock and roll y la música chicle, el glam rock era divertido, pegadizo y melódico, tocado con crujientes guitarras distorsionadas, con los músicos vestidos con ropas extrañas y andróginas.

> *«Bowie ha vendido su talento a cambio de fama, dinero y una alfombra de piel blanca; un artista antaño creativo está ahora cayendo en el glitter de Woolworth; Bowie se ha convertido en una desvergonzada estrella del mundo del espectáculo.»*
>
> Simon Frith

Gran Bretaña tiene una larga historia de damas de pantomima y drag queens, pero Estados Unidos mantuvo la cautela frente al emborronamiento de la identidad de género del glam rock, lo cual explica en parte por qué nunca despegó con tanta fuerza en Estados Unidos. Se pueden hallar semejanzas entre los glam rockers británicos y los hard rockers norteamericanos, como Kiss, especialmente en vestuario y maquillaje. Los Kiss comenzaron su carrera a mediados de los 70 con prendas y maquillaje llamativos. Para los glam rockers, el aspecto exigía casi tanto esfuerzo y creatividad como la música, y aunque intérpretes como Elton John y Paul McCartney & Wings quizá no hayan estado influenciados por su música, desde luego lo estuvieron por su moda.

Tras unos inicios como rockeros folk, T Rex, en gran parte el grupo de Marc Bolan, echaron a rodar la bola del glam rock con Electric Warrior (1971) y The Slider (1972): diversión, rock and roll malo con estribillos pegadizos y letras inanes, con los T Rex negándose a tomarse a sí mismos demasiado en serio. Aunque el glam rock y el glitter son esencialmente la misma cosa, las bandas «glitter» en general son aún más llamativas, malas y desechables, como las inspiradas en T Rex: Slade, Sweet, Suzi Quatro y Gary Glitter.

Después de flirtear brevemente con la estética de los cabezas rapadas, Slayed? (1972) de Slade los definió como auténticos glam rockers, con sus típicos ritmos machacones y sus animadores himnos estróficos. Para bien o para mal, todos los años Slade aún es programado en las radios de Gran Bretaña por algunos DJ sin imaginación que insisten en poner «Merry Christmas Everybody» al llegar la Navidad, siendo su único atenuante el cantante Noddy Holder, que poseía una de las grandes voces clásicas del rock británico.

La ropa vieja de la abuelita

Sweet adoptó la vestimenta del glam, pero, con la posible excepción del cantante, acabaron pareciendo albañiles vestidos con las ropas viejas de sus abuelitas: una visión no muy agradable, todo hay que decirlo. Por fortuna, era mejor su sonido que su aspecto, y acabaron siendo una importante influencia para la banda Def Leppard de la nueva ola de heavy metal británico.

Artistas clave:

T Rex, Slade, Sweet, Gary Glitter, David Bowie

Pese a toda la experimentación con la identidad sexual, el glam rock en buena parte fue un género dominado por hombres, con una notable excepción: Suzi Quatro. Algunos admiradores de la cantante y bajista Quatro la ven como un anticipo del citado estilo riot grrrl, aunque su música no tiene nada de la política sexual y el feminismo abanderado del movimiento riot grrrl. Famosa por su talla diminuta y su ropa de cuero, el homónimo álbum de Suzi Quatro de 1973 incluye el sencillo de éxito «Can The Can».

Suzi Quatro fue descubierta en su Detroit natal por el productor discográfico británico Mickie Most, que estaba trabajando allí con Jeff Beck. La imagen elegante de cuero de Suzi le proporcionó más tarde un papel en la comedia de situación de televisión *Happy Days*.

Gary Glitter, de verdadero nombre Paul Gadd, consolidó con Glitter (1972) su posición como uno de los líderes de la época, aunque musicalmente era incluso cada vez más intérprete de sencillos que los otros músicos glitter; así, lo que mejor lo representa es Rock'n'Roll: Gary Glitter's Greatest Hits (1998). Glitter estaba respaldado por (¿quién si no?) la Glitter Band, que pasaron a tener su propia carrera de éxito. Tras sufrir una bancarrota en los 80 y 90, Gary Glitter resucitó su actuación en vivo, aunque su carrera musical fue interrumpida de forma brusca tras ser acusado de delitos de pedofilia a finales de los 90.

El multiinstrumentista Roy Wood, uno de los músicos británicos más excéntricos y prolíficos de la escena rock glam/glitter a comienzos de los 70, lideró el grupo Wizzard mientras también desarrollaba su carrera en solitario. Wood, antiguo fundador de los Move y la Electric Light Orchestra, extrajo inspiración de una multitud de géneros musicales, como el rock and roll de los 50, la música clásica y la psicodelia. Wizzard tuvo un considerable éxito en 1973 con «I Wish It Could Be Christmas Every Day», que no ha tenido la misma longevidad que el éxito navideño de Slade, aunque le va a la zaga.

Escuela de arte

Junto a los grupos glitter, David Bowie y Roxy Music adoptaron una perspectiva más artística sobre el glam rock. Bowie se deleitó en el aspecto teatral del glam rock y se reinventó a sí mismo con un nuevo personaje, Ziggy Stardust, como se aprecia en el álbum The Rise And Fall Of Ziggy Stardust (1972), con su grupo de acompañamiento las Spiders From Mars.

Temas clave:
«Ballroom Blitz», Sweet
«Can The Can», Suzi Quatro
«Cum On Feel The Noize», Slade
«I'm The Leader Of The Gang (I Am)», Gary Glitter
«Jeepster», T Rex

Asimismo, Bowie resucitó la carrera de los hard rockers Mott the Hoople al remodelar su glam rock en el álbum All The Young Dudes (1972), el cual produjo y del cual escribió el conocido tema del título. Tras haber vivido numerosos movimientos rock (y resistido a ellos), el camaleón del rock David Bowie seguía siendo una fuerza creativa en el cambio de milenio.

Roxy Music combinó con éxito sus inclinaciones por el art rock con un enfoque glam rock, demostrando que las ideas de van-

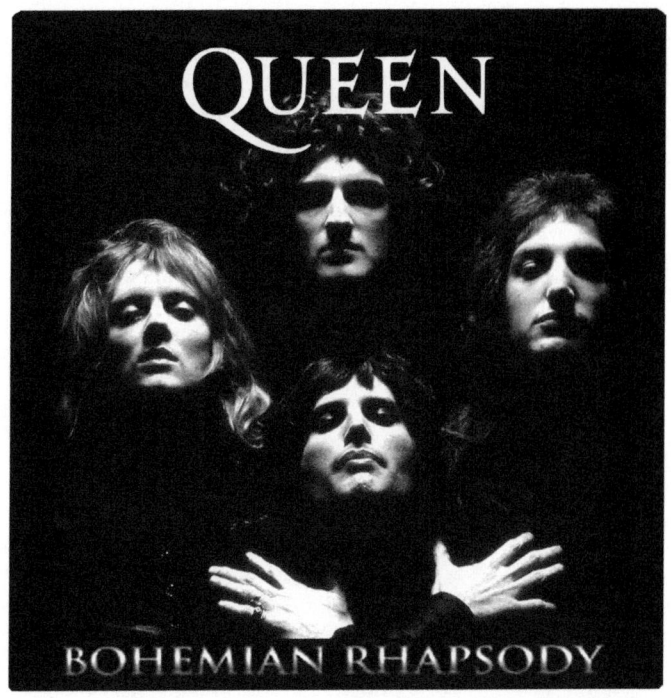

Para muchos, Queen eran la personificación del glam rock, con su combinación de estilo pomposo con guitarras gimientes y arreglos desmadrados. La miniópera del grupo *Bohemian Rhapsody* es una pieza extraordinaria que logra trascender sus pretensiones.

guardia y experimentales pueden funcionar en el contexto de una canción de tres minutos, como en For Your Pleasure (1973). Este álbum fue el último que hicieron con Brian Eno, quien representaba el lado experimental de la banda, por lo que los discos posteriores poseen un corte más convencional. El cantante de Roxy Music, Bryan Ferry, produjo álbumes en solitario mientras aún estaba en el grupo, luego, tras la defunción de Roxy Music en 1983, se dedicó a un sonido de pop adulto más sofisticado. Noticias recientes afirman que el grupo estaría grabando un nuevo álbum con la presencia de Brian Eno.

En un principio Queen no era considerado un grupo de glam rock, pero su homónimo primer álbum, de 1973, tiene un pie (con zapato de plataforma) firmemente puesto en dicha escuela. Amanerados y pomposos, demostraron ser mucho más polifacéticos y versátiles que cualquier otro grupo glam. Aunque el glam rock fue un fenómeno de los primeros 70, su influencia llega a varios grupos británicos de los 90 como Gay Dad, Suede y Kenickie. Lawrence Hayward, ex miembro de Felt, formó Denim en 1990 como homenaje al glam rock, y su primer álbum, Back In Denim (1992), incluía una canción titulada «The Osmonds», inspirada en la familia de cantantes pop estadounidenses que flirtearon con el glam rock, así como contribuciones de dos ex miembros de la Glitter Band.

Fusión & jazz rock

El término «fusión» puede aplicarse a cualquier música que mezcle dos o más estilos diferentes, aunque normalmente se usa para describir el movimiento de jazz rock electrónico que surgió a finales de los 60. Algunos músicos ampliaban los límites tanto del jazz como del rock, mientras que otros se centraban en producir música «de fondo», sofisticada pero hueca.

«El álbum Bitches Brew ofrece investigación musical de calidad, porque Miles estaba en el proceso de descubrir esta nueva música y desarrollarla.»
Dave Holland (bajista en Bitches Brew)

Aunque los discos de fusión nunca se han vendido en enormes cantidades, el estilo ha seguido siendo popular dentro de la comunidad musical durante los últimos 30 años. Con frecuencia se emplea el término «músico de músicos» para describir a los exponentes principales.

Generalmente se considera que el álbum Bitches Brew (1969), de Miles Davis, fue la primera grabación influyente de jazz rock. Combinaba jazz modal con guitarra rock y sonidos de batería, e introdujo el jazz a un público rock más amplio. Si bien no era el primer intérprete de jazz en utilizar guitarra eléctrica, piano y bajo, Davis fue el líder más visible que adaptó los enfoques populares de Jimi Hendrix, Sly Stone, James Brown y Stevie Wonder a sus propios términos. El álbum presentaba una extraordinaria selección de músicos, entre ellos Joe Zawinul y Chick Corea (teclados), Wayne Shorter (saxo), John McLaughlin (guitarra eléctrica) y Lenny White (batería). Estos músicos pasaron a formar tres de las más famosas e influyentes bandas de fusión a principios de los 70: Weather Report (Zawinul y Shorter), Return To Forever (Corea y White) y la Mahavishnu Orchestra (McLaughlin).

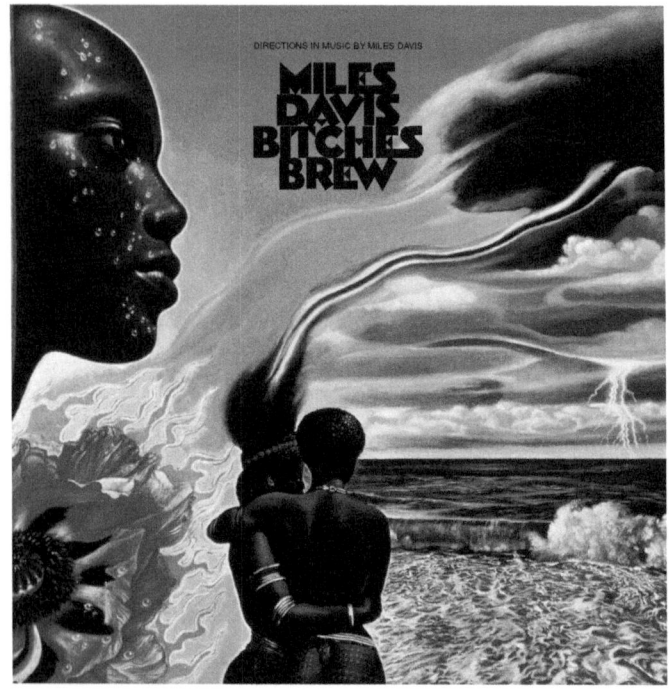

El innovador *Bitches Brew* marcó un cambio irrevocable en la evolución del jazz. La sombría pero fiera combinación de la trompeta de Miles Davis y el saxo de Wayne Shorter contenida en el álbum maravillaba a todo el que lo oía.

Weather Report y Mahavishnu

Weather Report fue una de las bandas de fusión de más éxito, con álbumes que llegaron a las listas de los Top 50 a ambos lados del Atlántico. Sus primeras grabaciones eran desiguales, pero Black Market (1976) contenía poderosas composiciones, y vino a presentar al legendario Jaco Pastorius al bajo sin trastes.

La combinación de melodías notablemente originales, las abrasadoras líneas de saxo de Shorter, los coloristas pasajes de sintetizador de Zawinul (tocados en instrumentos Arp y Oberheim) y el trabajo alucinante del bajo de Pastorius (oscilando entre pasajes melódicos «cantables» y armónicos inusuales y riffs ultra rápidos) resultó ser un éxito incluso mayor con su siguiente álbum, Heavy Weather (1977). Grabaciones posteriores, como Mr. Gone (1978), Night Passage (1980) y Weather Report (1982), confirmaron la categoría del grupo como intérpretes de jazz de primera clase, aunque Pastorius se marchó en 1982 y el grupo finalmente se separó en 1986. Tristemente, en 1987, Pastorius murió tras recibir una paliza en un club nocturno de Fort Lauderdale (Florida).

Artistas clave:

Weather Report, Mahavishnu Orchestra, Return To Forever, Tony Williams' Lifetime, Al Di Meola

La Mahavishnu Orchestra estaba más orientada al rock que Weather Report. Formada por John McLaughlin en los primeros 70, e influenciada por el misticismo oriental, la banda original presentaba a McLaughlin a la guitarra eléctrica, junto con Jan Hammer (teclados), Jerry Goodman (violín), Rick Laird (bajo) y Billy Cobham (batería). Su explosiva creatividad abrió nuevos límites en el jazz, tanto en términos de virtuosismo como de complejidad, y sus álbumes The Inner Mounting Flame (1971) y Birds Of Fire (1972) son generalmente considerados como clásicos de la fusión. Un año después, Hammer, Goodman y

Jaco Pastorius, que redefinió el papel del bajo eléctrico en el jazz, tocó con Pat Metheny y Weather Report, entre otros.

Cobham se fueron para trabajar en sus propios proyectos, y McLaughlin reformó la banda con otras formaciones durante las dos décadas siguientes. McLaughlin también fundó a mediados de los 70 Shakti, un grupo de fusión acústico exploratorio «oriental», con famosos músicos clásicos indios como L. Shankar (violín) y Zakir Hussain (tablas), así como el muy celebrado trío de guitarras acústicas con el virtuoso del flamenco Paco de Lucía y el as de la fusión Al Di Meola. La grabación en vivo del trío, Friday Night In San Francisco (1980), contiene impresionantes momentos de guitarra veloz que hay que oír para creer.

Otros grupos influyentes

La otra banda de fusión de primeros de los 70 que surgió directamente de la escena de Bitches Brew fue Return To Forever, de Chick Corea. Su primera formación era un grupo de estilo latino dirigido por Chick al teclado, pero, en 1975, el grupo había evolucionado hacia un grupo de fusión total con Al Di Meola (guitarra), Stanley Clarke (bajo) y Lenny White (batería).

Álbumes clave:
Believe It, Tony Williams
Heavy Weather, Weather Report
Romantic Warrior, Return To Forever
Roxy & Elsewhere, Frank Zappa
The Inner Mounting Flame, Mahavishnu Orchestra

Su Romantic Warrior (1976) fue un álbum de jazz rock referencial, con seis complejos temas instrumentales de intrincada elaboración que iban a inspirar a músicos de rock y jazz en los años venideros. También sirvió de plataforma de lanzamiento para la carrera en solitario de Di Meola; pasó a grabar Land Of The Midnight Sun (1976), Elegant Gypsy (1976), Casino (1977) y Splendido Hotel (1979), por lo que los lectores de la revista Guitar Player le votaron como «mejor músico de jazz» durante cinco años consecutivos.

Hubo otras grabaciones de fusión fundamentales durante los 70: Believe It (1975), de Tony Williams, presentaba el extraordinario pero influyente estilo legato de guitarra solista de Allan Holdsworth; Roxy & Elsewhere (1974), de Frank Zappa, fusionaba jazz y rock con un pervertido, pero muy estimado, sentido del humor; y el Pat Metheny Group, con su álbum homónimo (1978), forjó un nuevo estilo de jazz terrenal que le hizo ganar amplios públicos, aclamación de la crítica y premios Grammy. Al otro lado del Atlántico, Unorthodox Behaviour (1976), de Brand X, y Third (1970), de Soft Machine, demostraron que los grupos británicos también eran capaces de producir fusión de categoría internacional; mientras, los franceses y los belgas también mostraron su valor de fusión con Enigmatic Ocean (1977), del violinista Jean-Luc Ponty, y Placebo (1973), de Marc Moulin.

Por contraste, los 80 fueron relativamente tranquilos para la fusión, aunque Corea, Holdsworth y el guitarrista estadounidense John Scofield hicieron algunas grabaciones importantes durante este período. Tribal Tech ha mantenido en alto la bandera de la fusión. Sus grabaciones *Thick* y *Rocket Science*, muestran que el jazz rock todavía está vivo y coleando.

Pianista increíblemente talentoso y versátil, Chick Corea hizo incursiones en el jazz fusión que sólo constituyeron una parte, aunque importante, de su producción musical. También tocó latina, free jazz y música del repertorio clásico.

Pub rock

Fenómeno británico, el pub rock fue una reacción a la autocomplacencia de los rockeros progresivos y el vano pavoneo de los glam rockers. Las bandas de pub rock provenían de diversos estilos de música de raíz popular, como el blues, el folk y el country, con la influencia folk remontándose a folk rockers del Reino Unido de fines de los 60 como Fairport Convention.

«No tienes que ser un músico para tocar rock and roll. Sólo te tiene que gustar..., tienes que querer tocarlo.»
Lee Brilleaux, Dr. Feelgood

Los inicios del pub rock en gran parte se atribuyen a una banda estadounidense poco conocida, Eggs Over Easy, que actuaban en el pub Tally-Ho de Londres con una mezcla de canciones originales y repertorio de versiones que inspiró a otras bandas y, no menos importante, animó a que otros pubs contrataran bandas en vivo, creándose pronto un vibrante circuito de actuaciones.

Hora de apertura

La mezcla de folk, rock progresivo y las maneras hippies de Brinsley Schwarz en su homónimo primer álbum, de 1970, suena incluso peor en disco que descrito sobre el papel; ello, junto a una desastrosa actuación de presentación en Estados Unidos, conformó realmente todo su interés. De vuelta al Reino Unido, el grupo afinó su sonido, que culminó en Nervous On The Road (1972), una obra maestra del pub rock que preparó el terreno para los otros pub rockers Bees Make Honey, Ace, Chilli Willi y los Red Hot Peppers y Ducks Deluxe.

Surgiendo hacia el final de la época pub rock, el agresivo sonido R&B en vivo de Dr. Feelgood los convirtió en una emocionante

La formación originaria de Dr. Feelgood incluía la amenazante voz de Lee Brilleaux y las proezas de la guitarra al estilo de Mick Green de Wilko Johnson.

banda en directo que consiguió capturar esa energía en su primer álbum, Down By The Jetty (1975). Eddie & the Hot Rods eran igualmente enérgicos y tuvieron un sencillo de éxito con «Do Anything You Wanna Do» en 1977.

Últimas copas en el Tally-Ho

La prensa musical y muchos oyentes dirigieron su atención al punk en la segunda mitad de los 70, y las bandas de pub rock no pudieron competir. La mayoría se desvanecieron en la oscuridad o se separaron. Los músicos del grupo se marcharon y fueron sustituidos hasta que el único miembro original que quedaba era el cantante Lee Brilleaux. Éste murió de cáncer en 1994, pero el grupo ha continuado.

El pub rock tuvo una influencia importante sobre el punk rock. El cantante de los Clash, el fallecido Joe Strummer, comenzó su carrera musical con la banda de pub rockers los 101'ers. Nick Lowe, ex autor de canciones de Brinsley Schwarz, fue contratado como productor por el sello discográfico Stiff, uno de los primeros sellos punk; allí trabajó con los Damned, los Pretenders y Elvis Costello, antes de pasar a disfrutar de una exitosa carrera como solista.

Artistas clave:

Eggs Over Easy, Brinsley Schwarz, Bees Make Honey, Ace, Chilli Willie & the Red Hot Chilli Peppers

Los cantautores Elvis Costello y el fallecido Ian Dury marcan la línea divisoria entre el pub rock y el punk rock, si bien una parte más restringida y erudita del punk rock, y sus raíces pub rock se pueden oír en sus respectivos álbumes debut, My Aim Is True (1977) y New Boots And Panties!! (1977). El álbum Howlin'Wind, debut del también cantautor Graham Parker, obtuvo la aclamación de la crítica, pero, a diferencia de Costello y Dury, fue desplazado por el punk rock.

El primer álbum de Ian Dury, *New Boots And Panties!!*, mostraba sus incisivas e ingeniosas letras y un sonido de pub rock funk, y contenía canciones de personajes como «Billericay Dickie» y «Clevor Trever».

The Velvet Underground and Nico, de 1967, subraya sus raíces pop art y sus conexiones con Andy Warhol, que acompaña a la pandereta en el disco.

Protopunk

Las bandas de protopunk, como todos los géneros «proto», por definición sólo son identificadas retrospectivamente y en general comparten actitudes subversivas y antisistema. Aunque el punk rock fue inicialmente un fenómeno británico, hubo varias bandas punk norteamericanas notables; de hecho, las raíces del protopunk se hunden más en estas bandas norteamericanas que en las inglesas.

«Somos primitivos musicales.»
John Cale, Velvet Underground

La energía de pub rockers como Dr. Feelgood y Eddie & the Hot Rods quizá pueda oírse en las bandas punk, pero les falta la rabia, el nihilismo y las alusiones artísticas y políticas.

Aunque el primer álbum de la Velvet Underground The Velvet Underground & Nico (1967) no vendió demasiado, su impacto en las formas de música rock ajenas a las corrientes principales fue importante, con su desinterés por las típicas estructuras de canciones y unas letras que trataban directamente de sexo y drogas. Las raíces del punk rock, el rock gótico y el glam rock se pueden remontar todas a este álbum.

Antisistema

Los MC5 reunieron unos seguidores fieles gracias a la fuerza de sus emocionantes y anárquicas actuaciones en vivo, hasta tal punto que decidieron grabar una actuación en directo para su primer álbum, Kick Out The Jams (1969). Comenzaron con un enardecedor grito para liberar a la multitud de sus inhibiciones, «kick out the jams, motherfuckers», del cantante Rob Tyner. El temprano uso de la palabra «motherfuckers» (algo así como «hijos de puta» o «cabronazos»), casi treinta años antes de que se convirtiese en lugar común en los discos rap, provocó que algunas tiendas se negasen a recibir y vender el disco. Elektra Records tuvo que editar una versión alternativa con «brothers and sisters» («hermanos y hermanas») en lugar de «motherfuckers». Con su radical política antisistema, los MC5 se convirtieron en el mascarón de proa del Partido de las Panteras Blancas, cuyo manifiesto incluía «un ataque a la cultura por todos los medios necesarios, entre ellos el consumo de drogas y el follar en las calles».

Autodestrucción

Uno no encontrará un manifiesto antisistema con Iggy y los Stooges, pero, desde luego, se sirvieron con abundante sexo y drogas. Era un grupo con un dedo permanentemente puesto en el botón de la autodestrucción, y con su cantante Iggy Pop que se hacía cortes sobre el escenario o se untaba con crema de cacahuete o carne cruda para, luego, arrojarse al público. Raw Power (1973) revela la idiosincrasia de este grupo salvaje, conectado y extraño a un tiempo, creadores de una música y unas letras crudas y espontáneas gracias al hábito de improvisar en el estudio.

Artistas clave:

The Velvet Underground, The MC5, Iggy & the Stooges, New York Dolls, Patti Smith

Y hablando de autodestrucción, el segundo álbum de los New York Dolls Too Much Too Soon (1974) se convirtió en una profecía de sus propias consignas al «autodestruir» su banda poco después; se separaron pese a los desesperados intentos del mánager Malcolm McLaren de enfocar al grupo hacia un público más amplio. Después, McLaren pondría su experiencia en práctica como el infame cerebro a la sombra de los Sex Pistols.

Tras establecerse como poeta, Patti Smith sacó su primer álbum, Horses (1975), muy aclamado por la crítica, y reveló su sensibilidad poética con un imaginativo uso del lenguaje en unas canciones de estructura imprecisa. Smith describió su música como, «rock de tres acordes unidos por el poder de la palabra». Su primer sencillo, «Piss Factory» (1974), describe el hastío del trabajo en una fábrica, algo que los punks podrían reconocer.

Las legendarias actuaciones en directo de Iggy Pop siempre fueron polémicas y provocaron que un programa de televisión británico, So It Goes, fuese retirado de forma permanente tras unas intervenciones en las que su lenguaje era particularmente subido.

Gran Bretaña también contaba con sus bandas de protopunk. Los Troggs sacaron un sencillo de éxito en el Reino Unido en 1966, «Wild Thing», cuyo tema principal se basaba en un riff de tres acordes y en el modelo arquetípico de su «rock cavernícola». Los Kinks también tenían un don para las canciones primitivas basadas en agresivos riffs de guitarra, como «You Really Got Me» y «All Day And All Of The Night», esta última versionada por el grupo punk los Stranglers.

Punk británico

El punk explotó sobre la estancada escena musical británica a mediados de los 70 con canciones breves y rápidas, tocadas con el máximo de energía y, a menudo, alimentadas con letras furiosas. Como fenómeno musical y social, el punk fue una reacción a la indulgencia de los grupos de glam rock, así como al percibido elitismo de los músicos que tocaban en los grupos de rock progresivo, la mayoría de los cuales eran muy diestros musicalmente.

«Esto es un acorde. Esto es otro. Esto es una tercera. Ahora forma un grupo.»

Sideburns, fanzine

Asimismo, el punk fue una reacción a la percibida artificiosidad de los grupos prefabricados de «rock corporativo», como Boston, Kansas y Foreigner, y a la grotesca astucia de la igualmente artificial escena disco. Socialmente, el punk apelaba a la

Johnny Rotten fue fichado como cantante de los Sex Pistols después de ser visto con el pelo verde y llevando una camiseta en la que se leía «Odio a Pink Floyd».

juventud británica desposeída de derechos que, en el mejor de los casos, se sentía hastiada y, en el peor, alienada por lo que la sociedad británica tenía para ofrecerles: desempleo o trabajos sin porvenir.

Al mirar atrás desde la perspectiva de una sociedad más permisiva y (¡ligeramente!) más tolerante, es difícil creer el efecto profundamente convulsivo que el punk tuvo sobre la moral del país.

Posiblemente, fue el último movimiento musical de tan amplio impacto social, ya que los programas de televisión británicos debatían a carta cabal sobre los «males» del punk rock. Al mismo tiempo, a los punk rockers se les incitaba a soltar palabrotas en directo en la televisión. Steve Jones, el guitarrista de Sex Pistols, recordó este punto de inflexión: «Era hilarante, era uno de las mejores sensaciones, al día siguiente, cuando veías el periódico. Pensabas, '¡Joder, esto es fantástico!'. A partir de ese día, era diferente. Antes de eso, estaba la música: al día siguiente, estaban los medios de comunicación».

No hay futuro

En la cúspide de su fama (o infamia) los Sex Pistols, con Johnny Rotten (también conocido como John Lydon) como cantante principal, tuvieron un sencillo número uno con «God Save the Queen» durante el Jubileo de la Reina del año 1977, que fue prohibido por la BBC a causa de su letra supuestamente ofensiva. El inicio de «God Save The Queen» lleva el sello del rock and roll clásico, aunque con un carácter más fuerte, más rápido y más agresivo. Su letra antisistema y su coda «No Future» («Sin futuro») resumen a la perfección la perspectiva Sex Pistols: desolada y nihilista. Oportunamente, la banda implosionó poco después de sacar su primer álbum, Never Mind The Bollocks, Here's The Sex Pistols (1977).

Los Clash, liderados por el fallecido Joe Strummer, eran igualmente emocionantes, pero ofrecían unas consignas más constructivas, sobre todo en sus mensajes antirracistas. Fueron capaces de desarrollar su propio sonido desde el impresionante y frenético primer álbum homónimo de 1977, culminando en London Calling (1979), que revela influencias tan diversas como el rockabilly, el reggae, el ska y el hard rock.

Artistas clave:

The Sex Pistols, The Clash, The Jam, The Stranglers, The Damned

Los Damned fueron la primera banda punk británica en sacar un sencillo de distribución nacional, *New Rose*, en 1976. También fueron los primeros en tocar en Estados Unidos, al año siguiente, en el legendario club neoyorquino CBGB's, recibiendo críticas de signo diverso.

Otras bandas ofrecían variaciones importantes sobre el estereotipado golpe maníaco de tres acordes del punk. Los Jam tenían una imagen en conjunto más elegante que los punks, y el álbum In The City (1977) revela inclinaciones mod de los 60. Tras la separación de los Jam, el cantante Paul Weller emprendió una exitosa carrera como solista, aunque sus canciones no reflejan sus raíces punk y mod con los Jam y sigue negándose a tocar temas de aquella época. Los Stranglers, significativamente mayores que las otras bandas punk, ofrecían un toque psicodélico, como puede oírse en el estupendo solo de órgano del tema «No More Heroes», del álbum homónimo de 1977. Otros notables

85

debuts punk incluyeron Damned, Damned, Damned (1977), de los Damned, y Spiral Scratch EP (1977), de los Buzzcocks. Los Damned tenían un discurso claramente menos político que, por ejemplo, los Clash, y eran apreciados como bromistas borrachos que sólo buscan reírse; los temas «New Rose» y «Neat Neat Neat», de su debut, son clásicos del género punk: cortos, enérgicos y muy memorables. Inspirados por los Sex Pistols, los Buzzcocks mezclaban punk y pop con letras ocasionalmente humorísticas o sarcásticas.

New wave

Elvis Costello comenzó su carrera en el circuito del pub rock, luego saltó con éxito al barco de la generación punk, aunque poética y musicalmente él era bastante más sofisticado, como demostraba su My Aim Is True (1977). En consecuencia, los medios lo etiquetaron como «new wave», un género vagamente definido para intérpretes de corte menos duro que los punk rockers.

Temas clave:
«God Save The Queen», The Sex Pistols
«Going Underground», The Jam
«Golden Brown», The Stranglers
«London Calling», The Clash

DIY

La herencia duradera del punk fue su ética DIY («Do-It-Yourself», es decir, «hazlo tú mismo»), que animaba a los jóvenes de todas las condiciones sociales a formar grupos. En este sentido, el punk reflejaba la moda skiffle que había arrasado en el Reino Unido veinte años antes, ofreciendo a los músicos aspirantes un camino al estrellato al margen de su capacidad musical y el nivel de su equipo. El punk también animó a que la gente fun-

Para muchos, los Clash fueron el mejor grupo de punk rock; el cantante Joe Strummer se pasó al punk después de que su grupo hiciese de telonero de los Sex Pistols. Arriba, carátula del álbum de los Clash *London Calling* (1979), su mayor éxito de crítica y ventas.

dase sus propios sellos discográficos independientes, o indie, así llamados porque no confiaban en lo que los punk rockers consideraban los BOF («boring old farts», es decir, «aburridos pedos viejos») ni en los «contables» de las compañías discográficas tradicionales.

Los Sex Pistols realmente destruyeron su credibilidad al volver a juntarse para una gira en los 90, una descarada empresa que ellos mismos reconocieron montada por razones económicas, justificándose alegando que no habían hecho ningún dinero la vez anterior. El líder de los Clash, Joe Strummer, murió en 2002 antes de que los Clash pudieran volver a unirse para una propuesta de actuación en el Salón de la Fama del Rock, donde fueron admitidos el año siguiente.

Los New York Dolls fueron el eslabón perdido entre el glam rock y el punk. Sus actuaciones mezclaban travestismo con palabras obscenas y música hard rock.

Punk norteamericano

Como la mayoría de sus colegas británicos, los primeros punk norteamericanos habían estado años haciendo música antes de empezar a obtener reconocimiento a finales de 1975. De nuevo al igual que los británicos, el mayor problema era que nadie tenía ni idea de cómo llamarlos.

> *«Con el punk se trataba de crear una música nueva, importante, enérgica, que amenazase de modo certero a la estupidez de los 70. Puedes discutir si Offspring se vendieron al firmar con Sony hasta que se te ponga la cara morada, eso no dará de comer a la persona sin techo que hay en la calle frente a la puerta de tu casa.»*
>
> *Jello Biafra, Dead Kennedys*

Extrayendo su delirante y enérgico estilo de grupos de rock de Detroit de finales de los 60 y comienzos de los 70 como MC5 y los Stooges, y luciendo una imagen andrógina de pelo largo que hacía que los Rolling Stones parecieran niños de coro, los New York Dolls, el quinteto con glamour reforzado de la Costa Este, fueron la primera banda de verdadero punk rock de Estados Unidos. Pervertidos y peligrosos, vulgares y obscenos, los Dolls se formaron ya en 1971, pero no tardaron en responder al cliché de vivir rápido y morir joven. El batería original, Billy Murcia, sucumbió a la mezcla de alcohol y drogas durante una gira británica a finales de 1972, y fue sustituido por Jerry Nolan.

En 1973 y 1974, pese a las críticas receptivas, sus dos álbumes para Mercury Records (New York Dolls, producido por Todd Rundgren, y Too Much Too Soon) apenas vendieron en Estados Unidos, y el grupo fue despedido; poco después encontraron al futuro mánager de los Sex Pistols, Malcolm McLaren. Siempre mejorando sus técnicas manipuladoras, McLaren trató de resucitar su carrera vistiendo a los Dolls de cuero rojo y haciéndoles posar ante la bandera de la Unión Soviética. Sobrevinieron acusaciones de comunismo, y los miembros empezaron a marcharse uno a uno. En 1977, con McLaren en la cresta de la ola como mánager de los Pistols, todo se había acabado. Jerry Nolan y el guitarrista Johnny Thunders se unieron a Richard Hell para formar los Heartbreakers, aunque Hell, el ex bajista de Television (que había rechazado la oferta de McLaren de ponerse al frente de los Sex Pistols) se marchó poco después para formar los Voidoids. Tras muchos años de adicción a las drogas, el propio Thunders fue hallado muerto en 1991; Nolan sucumbió tras sufrir un ataque cardíaco poco después.

Subterfugios ocultos

A comienzos de 1976, una nueva revista llamada Punk arrojó luz sobre el movimiento homónimo. Entre el personal y los círculos más próximos a los grupos posteriores a los Dolls había algo más aparte de la habitual cuota de tipos bohemios que se las dan de artistas: pintores, cineastas, escritores y poetas; como las camareras y los decoradores de interiores, todos con la reconfortante libertad que supone prescindir del bagaje de los músicos «serios».

Artistas clave:

Richard Hell, Black Flag, The Dead Kennedys, Ramones, Talking Heads

Television, Suicide y Patti Smith estaban entre los artistas que tocaron en antros de Nueva York como el Max's Kansas City y el Country, Bluegrass & Blues (CBGB's). Los sonidos de estos grupos, y otros como los Ramones, los Talking Heads y Blondie, eran muy diferentes, pero estaban unidos por una emocionante corriente oculta que actuaba como subterfugio. En palabras de Smith: «Me preguntaba qué podía hacer como escritora o poeta para impulsar a las personas a que reclamasen el rock and roll como una base revolucionaria fundamental para la gente».

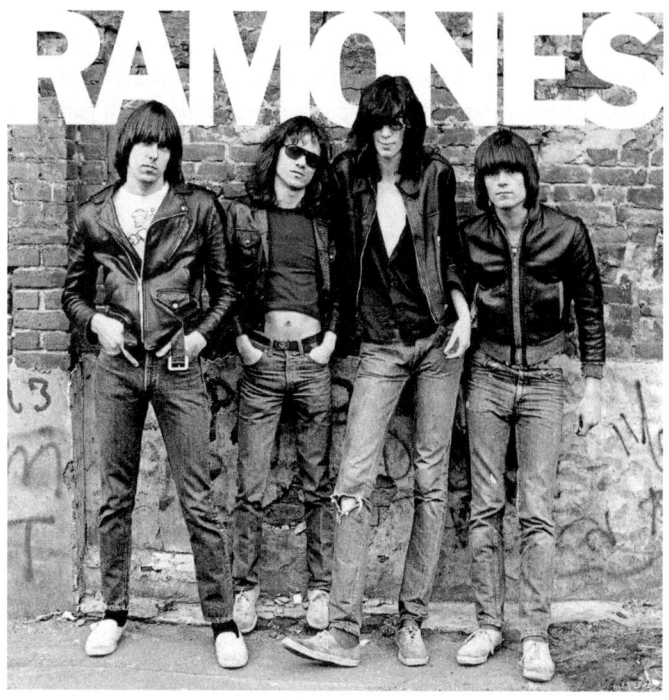

Los Ramones se especializaron en un sonido muy básico; sus canciones contenían acordes y letras simples y ningún solo. Arriba, carátula del álbum *Ramones*
(1976), que estableció al grupo como rockeros garaje de tres acordes con sentido del humor.

Una nueva ola de punk

El primero de los nuevos grupos contratados fueron los Ramones, una banda que confiaba más en un humor estúpido y oscuro que en la anarquía. Dado su casi legendario minimalismo
musical, fue muy admirable que los Ramones hicieran música
durante unos veinte años después de Ramones, su primer álbum, de mayo de 1976.

Una nueva generación

Cleveland hizo su aportación con los Dead Boys, y, a lo largo de la Costa Oeste, Black Flag X, los Germs y los Dead Kennedys estaban encabezando un ataque más agresivo, movido por agravios políticos, a la parte más vulnerable del país.

Temas clave:
«Psycho Killer», Talking Heads
«Six Pack», Black Flag
«Suzie Is A Headbanger», Ramones
«Too Drunk To Fuck», The Dead Kennedys

De los cuatro grupos, los Black Flag estaban más inclinados a incorporar humor en su incisiva mezcla de rabia y sarcasmo: una baza que el líder Henry Rollins conservó cuando la banda se separó en 1986. Los Dead Kennedys (DK), en ese tiempo, eran mortalmente serios. «California Über Alles», su primer sencillo, ponía como un trapo al entonces gobernador de San Francisco, Jerry Brown. En 1979, el cantante Jello Biafra se presentó a la alcaldía de la ciudad, quedando el cuarto. Pese a haber sido prohibido, el sencillo del grupo «Too Drunk To Fuck» penetró las listas británicas, pero lo peor vino cuando un cartel del álbum Frankenchrist, de 1985, condujo a un procesamiento por obscenidad. Los Kennedys se separaron tras una batalla judicial de dos años, con la marcha de Biafra esperando furioso que el grupo volviese a formarse sin él, la reedición de su catálogo y el prensado del álbum en vivo, Mutiny On The Bay.

Si los DK son culpables de socavar los principios originales del punk rock, desde luego no son los únicos. El anunciado coste de 10 millones de dólares por el traslado de los Offspring a la Columbia (filial de Sony Records) desde la Epitaph (una creíble discográfica indie que pertenecía a Brett Gurewitz, de Bad Religion) provocó una clara reacción; aunque los californianos subrayaron sus credenciales de signo underground y su popularidad permitiendo que un MP3 de su canción «Pretty Fly (For A White Guy)» fuese descargado la increíble cantidad de 22 millones de veces en sólo diez semanas.

En consecuencia, a los supervivientes como Sick Of It All les han echado en cara el éxito de intérpretes más jóvenes aptos para la radio como Sum 41, Blink 182 y Finch, por no mencionar a Green Day que, aunque hoy es más pop, comenzó con una actitud punk. Como dice elcantante de SOIA, Lou Koller, el punk ahora está libremente «disponible en tiendas».

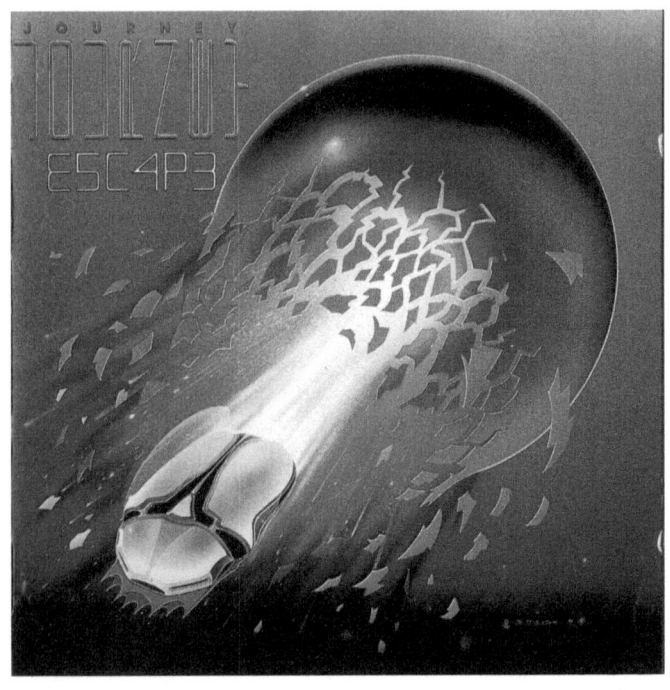

Los himnos del álbum *Escape* (1981), de Journey, llevaron la potente y profunda voz de Steve Perry a las listas de álbumes y sencillos.

Arena rock

El ascenso del estilo arena rock (rock de auditorio) comenzó en Estados Unidos a mediados de los 70 con una oleada de popularidad de grupos como Journey, Foreigner, Boston y Styx. Abarcados por una red de emisoras de radio de FM, estos grupos y otros como ellos empezaron a ser tan rentables para sus compañías discográficas que se convirtieron casi en una licencia para imprimir papel moneda.

«*Tienes que ser capaz de sobrevivir al cambio y conservar tu integridad.*»

Tommy Shaw, Styx

La fórmula era deliciosamente simple: material elegante, comercial, apuntalado por memorables riffs de hard rock y una producción brillante. Las baladas aptas para la radio también animaban a un público más amplio, aunque estas se empleaban con moderación.

Un viaje estilístico

El sonido arena rock recordaba a un exótico malvavisco auditivo, con una envoltura externa en apariencia dura, pero pegajoso y dulce en el interior. En realidad, muchas de sus bandas originales habían gravitado hacia el género desde otros estilos de música. Formado en 1973 por el ex guitarrista de Santana Neal Schon, al que más tarde se unió el teclista Gregg Rolie, Journey había hecho tres álbumes de jazz rock con escasas ventas antes de que los simplificados acordes de Infinity les permitieran alcanzar un millón de ventas en 1978.

Dos años antes, en 1976, un guitarrista y compositor de canciones inglés afincado en Nueva York llamado Mick Jones casi le había dado la espalda al negocio musical tras la disolución de la

Leslie West Band, pero, alimentado por el éxito de los sencillos «Cold As Ice» y «Feels Like The First Time», Jones alcanzó un éxito extraordinario con los cinco millones de ventas del homónimo primer álbum de Foreigner.

MTV y el atractivo de masas

La historia del grupo Boston del estilo «de los andrajos a la riqueza» era aún más improbable. Su álbum homónimo de 1976 era fundamentalmente un vehículo de lucimiento para el guitarrista, compositor de canciones y productor Tom Scholz. Aquella glorificada colección de «maquetas de base» fue disparado a la cima de las listas de Estados Unidos y se convirtió en el debut pop de más ventas de la historia, hasta que fue desbancado por Whitney Houston en 1986. En 1995, Boston había vendido más de 15 millones de copias sólo en Estados Unidos, aunque, quizá debido a la faceta perfeccionista del retraído Scholz, la banda había grabado sólo cuatro álbumes más desde 1976.

Artistas clave:

Aerosmith, Styx, Journey, Foreigner, Boston

En los 80, Aerosmith, Heart y Whitesnake (todos grupos de orígenes diferentes) pasaron a presentar sus propuestas en el mercado del arena rock. Con su herencia, más escasa y más basada en el blues, Aerosmith ya había saboreado un considerable éxito durante los 70, y también había llevado su sonido a la nueva década con la ayuda de los compositores de canciones Desmond Child y Holly Knight y del productor Bruce Fairbairn.

Heart también tenía ya un historial probado de temas de melancolía acústica con base folk, pero fue el álbum Heart el que les dio su mayor popularidad en 1985. Del mismo modo, los ex blue rockers Whitesnake, liderados por el ex vocalista de Deep Purple David Coverdale, idearon astutamente su renacimiento para sacar provecho del boom MTV en 1987.

Foreigner era una mezcla de londinenses y neoyorquinos. Ésta fue la base del nombre del grupo y, en cierto modo, contribuyó a darles un atractivo de masas.

Rush, también, comenzó a cortejar al público masivo. Sus raíces de rock progresivo fueron homogeneizadas a través de álbumes aptos para el sintetizador, como Power Windows (1985) y Hold Your Fire (1987), aunque el trío canadiense se iba a volver cada vez más retraído. La revolución del grunge rock dejaría profundamente desfasado al arena rock durante la década siguiente.

Tras lograr un contrato de grabación en 1983, la larga y extensa gira del grupo Bon Jovi, de Nueva Jersey, así como sus fenomenales ventas de discos y su atractivo cantante pronto les transformaron en uno de los grupos de rock más populares del mundo.

Rock melódico

Durante los 70, el hard rock melodioso se cernía sobre las listas de Estados Unidos como un coloso flácido y rosado. La llegada del guitarrista con cara de niño Tommy Shaw llevó a que los rockeros de Chicago Styx se convirtieran en el primer grupo norteamericano en alcanzar el certificado «triple platino» con cuatro álbumes consecutivos. Asimismo, cuando Journey fichó al cantante Steve Perry se convirtieron en una de las mayores bandas del mundo.

«¿Cómo me sentía yo durante los años grunge? En paro.»
Kip Winger, Winger

Foreigner lleva vendida la increíble cantidad de 60 millones de álbumes (35 millones sólo en Estados Unidos), gracias a clásicos de la radio tales como los éxitos de los 80 «Waiting For A Girl Like You», «I Want To Know What Love Is» y «Hot Blooded».

En los 80, el grupo británico Def Leppard utilizó la tecnología más avanzada, un inteligente márketing y unas extensas giras para aprovecharse del mercado pop con sus álbumes Pyromania e Hysteria, un modelo que más tarde Bon Jovi emplearía de forma más despiadada.

El último par de bandas estaban entre las pocas que sobrevivieron a la revolución del grunge rock, aunque Leppard sorprendió a muchos al atreverse a flirtear con el estilo en su álbum de 1996 Slang. Tras estudiarse a sí mismo detenidamente a fin de prepararse para una nueva generación de espectadores MTV, el ex cantante de Deep Purple David Coverdale y su antigua banda de blues Whitesnake también recibieron una muy esperada atención en Estados Unidos conforme los 80 se acercaban a su fin.

Entusiasmo menguante

Después del grunge, la única metamorfosis real que ha sufrido el rock melódico es una disminución de su público. Todos, salvo una exigua minoría de artistas, han abandonado hace tiempo la pretensión de hacer avanzar creativamente su música. Como ningún otro género, salvo tal vez el rock progresivo, los fans del AOR (álbum de orientación roquera) demandan refritos de las mismas viejas ideas.

Artistas clave:

Bon Jovi, Journey, Styx, Foreigner, Def Leppard

En el ámbito popular, Vaughan, Von Groove, Ten, Harem Scarem, Mecca y Westworld representan una superabundancia de intérpretes muy entretenidos, aunque de mirada introspectiva. Incluso los nuevos álbumes de los grupos de mayor nivel suelen provocar escaso entusiasmo; por ejemplo, Journey y Van Halen acabaron sus respectivas y prolongadas relaciones con Sony y Warner Brothers en 2002. Sin embargo, es posible ganarse muy bien la vida en el lucrativo circuito de las giras de verano, y quizá sólo por esa razón siguen existiendo muchos de los principales músicos de rock melódico. Aunque Journey sólo vendió 200.000 copias de Arrival (su debut de 1998, con el ex cantante de Tall Stories, Steve Augeri, reemplazando a Steve Perry), ellos y otros como ellos parecen dispuestos a continuar.

La inestimable aparición en la serie de televisión «South Park» y en las películas Austin Powers en Miembro de Oro (Austin Powers: Goldmember, 2002) y Un papá genial (Big Daddy, 1999), protagonizada por Adam Sandler, han recompensado a Styx con una impensable renovación de su credibilidad, que llegó a la cima cuando Brian Wilson (de los Beach Boys), Tenacious D y Billy Bob Thornton participaron como artistas invitados en el decimocuarto álbum del grupo, Cyclorama (2003). Hoy en día, los Styx no cuentan con el teclista y vocalista Dennis De Young, la voz de «Come Sail

Aunque nunca fue un gran éxito para los críticos o los fans del rock «serios», Styx gozó de gran popularidad durante su apogeo, llenando clubes por todo Estados Unidos y editando tres álbumes que consiguieron el triple platino.

Away», «The Best Of Times» y «The Grand Illusion». El guitarrista Mick Jones y el vocalista Lou Gramm, este último recuperado de un grave tumor cerebral, celebraron en 2002 el 25 aniversario de Foreigner con 50 conciertos en Estados Unidos, además de embarcarse en su primer álbum juntos desde Mr Moonlight, de 1994. Boston volvió con un nuevo álbum, Corporate America, en 2002. Por desgracia, es improbable que Van Halen vuelva a trabajar con los ex cantantes David Lee Roth o Sammy Hagar.

La oscura y tenebrosa música de Joy Division, junto con la prematura muerte del cantante Ian Curtis, hizo de la banda un perfecto modelo para los góticos novatos. Arriba, carátula del álbum de Joy Division *Closer* (1980), que tenía un sonido más sombrío que su primer álbum, con más uso de sintetizadores y efectos de estudio.

Rock gótico

Motivo de gran burla para periodistas musicales (y de moda), el rock góti-co es lento, introspectivo, oscuro y obsesionado con la muerte, y encierra elementos de hard rock y psicodelia, a menudo con vendas de fríos tecla-dos y fragmentos de guitarra angulosa.

«Nosotros éramos anti rock and roll y quizá eso sea preten-cioso, pero hay algo de pretensión en todo lo relacionado con el arte.»

Peter Murphy, Bauhaus

El código de indumentaria era rígido: ropas negras, largo pelo negro y rostro maquillado de un blanco cadavérico. Con fre-cuencia, los críticos hallaban la música pretenciosa y pomposa, y la moda gótica era tildada de caricaturesca y evocadora de la familia Addams, pero eso no impidió que hordas de adolescen-tes agobiados por una imprecisa ansiedad encontrasen en esta música algo con lo que podían identificarse.

Las raíces del rock gótico se pueden detectar en Joy Division, que proporciona el eslabón perdido entre el punk y el rock gótico. Tras una inspiradora actuación de los Sex Pistols, Joy Division surgió del verdadero estilo punk gracias al guitarris-ta Bernard Sumner y al bajista Peter Hook (aunque antes de haber tenido ninguna experiencia musical); sin embargo, el grupo sustituyó la energía del punk por melancolía, ambien-te e introspección, como puede apreciarse en Unknown Ple-asures (1979) y Closer (1980). Poco antes de su primera gira norteamericana en 1980, el problemático cantante Ian Curtis se ahorcó. Los miembros restantes se reagruparon y formaron New Order, llevando la música en una dirección más orientada al dance.

Horror y muerte

La bandera del rock gótico le fue entregada a Bauhaus, cuyo épico sencillo «Bela Lugosi's Dead» marcó el inicio del gótico explícito. Su primer álbum, In The Flat Field (1980), proporcionó asimismo un modelo para el rock gótico: ensimismadas, obsesionadas y desesperadas letras sobre música melancólica y atmosférica.

Tras sus inicios como grupo postpunk, cuando llegó su quinto álbum, Pornography (1982), los Cure habían elevado los rasgos de lo miserable a la categoría de las bellas artes, estableciendo firmemente sus credenciales góticas y alcanzando un álbum Top 10 en el Reino Unido, pese a su casi incesante monotonía. De todas las bandas góticas destacadas, los Cure pasaron a disfrutar de la carrera más larga y de más éxito comercial, con Robert Smith logrando combinar sus raíces góticas con un sonido pop más variado y accesible: pero sin abandonar las ropas y las melenas negras.

Artistas clave:

Joy Division, Bauhaus, The Cure, Sisters of Mercy, The Mission

Mientras el gótico se establecía como propuesta comercial, Bauhaus tuvo un sencillo de éxito en 1982 con una versión del «Ziggy Stardust» de David Bowie, así como con su álbum de mayor éxito hasta la fecha, The Sky's Gone Out (1982), que llegó al número cuatro de las listas.

Zeppelinesco

Floodland (1987), de los Sisters Of Mercy, se benefició de la ampulosa producción de Jim Steinman, el productor de Meat Loaf, lo que ayudó a darle a la música la escala y la profundidad que requería para tener un efecto total. En 1988, los Mission (un grupo vástago de Sisters Of Mercy) sacaron su álbum Little Children. El disco, de nuevo, se benefició de

El actor Bela Lugosi, referido en el tema del sencillo de Bauhaus «Bela Lugosi's Dead», interpretó a Drácula en los años 30. El título de la canción traía a colación dos de los grandes temas góticos: horror y muerte.

la producción e interpretación del ex bajista de Led Zeppelin John Paul Jones, quien, como era de esperar, le dio un toque «zeppelinesco».

A finales de los 80, el gótico se había agotado en gran medida, aunque su influencia musical se puede oír aún en el doom metal y el industrial metal, y su influencia visual es perceptible en artistas como Marilyn Manson.

Doom metal

Inspiradas en gran parte por los fundadores del heavy metal Black Sa-
bbath, las bandas de doom metal basaron su sonido en los elementos
más lentos y más «fangosos» del sonido de Sabbath —como puede oírse
en «Planet Caravan», de Paranoid (1970), y «Sweet Leaf», de Master Of
Reality (1971)—, en vez de en los elementos más rápidos y brutales de su
música.

«Para mí, el doom metal es un hogar para el alma afligida.»
Hammy, Peaceville Records

Como el mismo nombre sugiere, el doom metal (doom en es-
pañol significa «destino funesto») es triste, melancólico y ta-
citurno, y, como en el heavy metal, el instrumento principal es
una guitarra distorsionada. Sin embargo, a diferencia del speed
metal, el doom metal no es especialmente agresivo. En el aspecto vocal, las bandas pueden usar bien una tradicional emisión
directa y «limpia» o bien los gruñidos más exagerados.

El movimiento empezó a cobrar forma a mediados de los 80
con bandas de Suecia como St Vitus, Trouble y Candlemass.
El doom metal contrasta fuertemente con las bandas de speed
metal de los primeros 80, como Metallica y Slayer, las cuales
tocaban lo más rápido posible; pero, en parte, dicho estilo también fue una reacción a estas bandas, ya que muchos de los
grupos de doom metal encuentran virtuoso el tocar lentamente.

«La banda más heavy del mundo»

Una vez descritos como «la banda más heavy del mundo», Epi-
cus Doomicus Metallicus (1986), de Candlemass, se convirtió
en un clásico del género. Se cree que este disco dio nombre al
género, aunque otros piensan que éste procede de la canción

de Black Sabbath «Hand Of Doom», de Paranoid. El disco In Memorium (1992), de Cathedral, también establece el modelo e ilustra claramente sobre la motivación de los músicos.

El cantante Lee Dorrian había estado antes con los muy influyentes Napalm Death, cuyo estilo se había caracterizado por la velocidad y la brutalidad. Con Cathedral, sin embargo, desaceleró su música con guitarras distorsionadas para darle un carácter más heavy, así como con su propio y único estilo de «canto».

El efecto doom

En los 90, My Dying Bride, Paradise Lost y Anathema, tres grupos británicos del sello discográfico Peaceville, mezclaron sus influencias doom metal derivadas de Black Sabbath con elementos de rock gótico.

Artistas clave:
St Vitus, Trouble, Candlemass, Cathedral

Gothic (1991), de Paradise Lost, reconoce la influencia gótica en su música y, como corresponde al nombre de la banda, My Dying Bride crea un humor de penitente romanticismo claramente apreciable en Turn Loose The Swans (1993).

Stoner metal, drone doom y sludge metal

Así como el heavy metal inspiró al doom metal, éste a su vez inspiró al stoner metal, obsesionado con los 70, y también se solapa con este estilo de los 90. Como sugiere el nombre, el stoner rock plasma una preocupación añadida acerca del uso de las drogas.

En una aparentemente ilimitada espiral de posibilidades, otro vástago del doom metal es el llamado drone doom tal como lo practica Earth. Conservando la pesadez, la lentitud y el carácter

Para disgusto de muchos de sus fans originales, Paradise Lost ha continuado creciendo creativamente a lo largo de su carrera, moviéndose desde sus raíces metal a la música electrónica y pop. *Icon* (1993), el cuarto álbum de Paradise Lost, combina la opresión del doom metal con un heavy metal melódico.

reflexivo del doom, Earth explota drones en su música, es decir, notas o riffs que suenan o se repiten en contraste con los cambios que se producen en otros instrumentos. Al otro lado del Atlántico, una rama más del doom metal se extendió desde Nueva Orleans: las llamadas bandas de «sludge metal» como Crowbar y Eyehategod, las cuales también extrajeron inspiración de las bandas de grunge de Seattle, como Soundgarden.

Antes de que una serie reality de la MTV relanzara su carrera, Ozzy Osbourne de Black Sabbath fue conocido durante muchos años como «el tipo que arrancó de un mordisco la cabeza de un murciélago».

Heavy metal

El término «heavy metal» procedía de la polémica novela del movimiento beat de Estados Unidos, El almuerzo desnudo (Naked Lunch), en la que el autor, William Burroughs, hablaba de «heavy metal thunder» («trueno de metal pesado»). Esta frase se utilizó en el sencillo de 1968 «Born To Be Wild», de Steppenwolf, y ayudó a bautizar a un emergente subgénero del hard rock.

«No se suponía que era una cosa bonita.»
Robert Plant, Led Zeppelin

Los orígenes del heavy metal se intuyen en las bandas de hard rock de finales de los 60 y comienzos de los 70, como la Jimi Hendrix Experience, Led Zeppelin y Cream, y en la estridente forma de tocar la guitarra de Dave Davies, de los Kinks, y Pete Townshend, de los Who, a mediados de los 60.

La diferencia entre el hard rock y el heavy metal es bastante sutil, y para muchos oyentes los términos son intercambiables. Sin embargo, el heavy metal, en general, es más brutal, de más volumen y sin la influencia blues que se oyen en el hard rock; además, a menudo sus letras tienen resonancias satánicas, de magia negra o fantasía. Es un estilo musical dominado por hombres, y popular entre los jóvenes agobiados por la ansiedad adolescente. También tiene un estricto código de indumentaria: pantalones vaqueros, cuero y, quizá lo más importante de todo, pelo largo. Ni que decir tiene que los críticos musicales odian el heavy metal.

Los álbumes definitorios son Led Zeppelin II (1969), de Led Zeppelin (particularmente el explosivo «Whole Lotta Love»), y Paranoid (1971), de Black Sabbath. Mientras que Zeppelin se movió hacia nuevos prados musicales, Sabbath continuó arando el mismo surco. El guitarrista Tony Iommi se marcó algunos de los riffs de guitarra más memorables del estilo, como «Paranoid» y «Iron Man», en tanto que el cantante Ozzy Osbourne añadía su distintivo gemido nasal.

Otros destacados exponentes incluyen a Judas Priest, con las inconfundibles intervenciones vocales semioperísticas del cantante Rob Halford que se oyen en British Steel (1980), y Motörhead, con su Ace Of Spades (1980), ¡que declaraban ser tan heavys que con sólo convertirse en tus vecinos podían hacer que se muriera tu césped!

NWOBHM

Dejando a un lado los céspedes muertos, una generación más joven de músicos británicos se inspiró en los grupos de hard rock y heavy metal de los 70, extendiendo lo que se llamó Nueva Ola de Heavy Metal Británico, o NWOBHM (por sus siglas en inglés). La NWOBHM incluía a Iron Maiden, Def Leppard, Saxon, Samson, Venom, Diamond Head y muchos otros.

Artistas clave:

Led Zeppelin, Black Sabbath, Judas Priest, Iron Maiden, Def Leppard

De todas las bandas NWOBHM, las de más éxito fueron Iron Maiden y Def Leppard. Los galopantes ritmos y las letras sobre temas de fantasía o sobre el diablo, típicos de los Maiden, han cambiado poco con el paso de los años. The Number Of The Beast (1982) marcó un salto comercial con escaso compromiso en su sonido. Def Leppard luchó consecuentemente por desarrollar su sonido y produjo el superventas Hysteria (1987), una pieza de pop metal expertamente producida y compuesta con esmero.

La NWOBHM tuvo un profundo impacto sobre el batería Lars Ulrich, quien más tarde formó Metallica, la más exitosa de las cuatro grandes bandas del llamado thrash metal, siendo las otras Slayer, Megadeth y Anthrax. Según se desarrollaba su so-

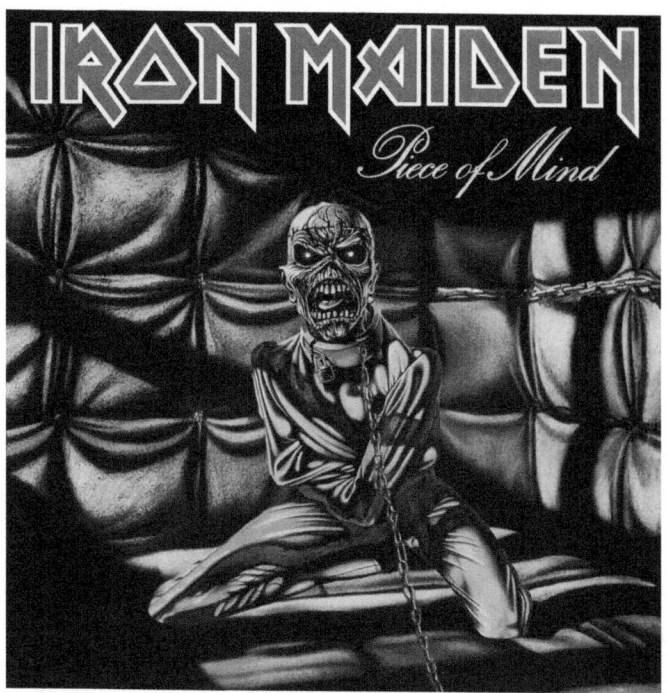

Eddie, el personaje y la mascota de la portada del álbum de Iron Maiden, ha evitado que los miembros de la banda sean constantemente reconocidos por la calle, incluso en la cúspide de su popularidad.

nido, Metallica pulió sus brutales aristas y se convirtió en una banda de heavy metal, y Metallica (1991) fue uno de los álbumes metal más vendidos de la historia.

Familias felices

Mientras tanto, Ozzy Osbourne se fue, para volver a unirse a Black Sabbath; en el ínterin, a su nombre, produjo Blizzard Of Ozz (1980), que presentaba el formidable talento guitarrístico del fallecido Randy Rhoads. Extrañamente, en lugar de ser reverenciado como el «padrino del heavy metal», Osbourne es más conocido como el desgraciado cabeza de su disfuncional pero encantadora familia gracias a la exitosa serie reality de televisión de la MTV «The Osbournes», en la que también participó su esposa.

Speed y thrash metal

El speed y el thrash metal empezaron a destacar en Estados Unidos a comienzos de los 80, y luego muchos fans de todo el mundo crearon sus propios grupos. Igualmente en deuda con el espíritu de «hazlo tú mismo» de la NWOBHM y el espíritu underground del hardcore punk, los primeros progenitores del estilo eran espantosamente jóvenes, pero habían pasado años afilando su musicalidad.

> «Lars [Ulrich, batería] siempre estaba nervioso en el escenario, así que tocaba cada vez más rápido. Simplemente nos dijimos: "Al diablo..., nosotros también tocaremos más rápido".»
>
> James Hetfield, Metallica

Metallica combinaba los brutales sonidos y los duros riffs de la banda con el sabor más comercial que aportaba el productor del mainstream Bob Rock.

Quizá donde mejor se resumía la cultura de irreflexiva exuberancia del speed metal fue en «Whiplash», de Metallica, un galopante ejercicio de precisión en riffing que apareció en su primer álbum, de 1983, Kill 'Em All. Si otros temas escritos por ellos, como «Jump In The Fire», sugerían que Metallica había sido influida por los Diamond Head del Reino Unido, la versión del cuarteto de Stourbridge de «Am I Evil?» en una primera cara B fue una prueba definitiva.

Más que ninguno de sus rivales, Metallica exhibía voluntad de crecer, y aunque inicialmente echaron pestes de las maniobras corporativas de la industria musical, los de San Francisco habían firmado por un gran sello con su cuarto álbum And Justice For All, de 1988. Antes o después, el resto de los llamados «cuatro grandes» del movimiento (Anthrax, Megadeth y Slayer) habían hecho lo mismo. Por lo que respecta a otros creadores de tendencias como Exodus y Testament, la aprobación del mainstream llegó demasiado tarde, a veces incluso teniendo como resultado la interferencia del consejo de administración.

Al margen de los sellos que los produjeron, algunos de los mejores álbumes speed thrash obtuvieron únicamente categoría de culto, entre ellos Bonded By Blood (1985), de Exodus, The Legacy (1987), de Testament, Darkness Descends (1986), de Dark Angel, Terrible Certainty (1988), de Kreator, y Act III (1990), de Death Angel. El grupo suizo Celtic Frost añadió su propia y fascinante idiosincrasia cuando crearon Into The Pandemonium, en 1987.

Extreme metal

Para muchos, Slayer hizo el definitivo álbum de thrash metal con el polémico Reign In Blood, de 1986, producido por Rick Rubin. Menos de media hora de duración y el salvajismo de «Necrophobic», «Raining Blood» y «Angel Of Death» (esta última escrita por el guitarrista Jeff Hanneman sobre el criminal doctor nazi Josef Mengele), elevó el speed metal al death metal y a un nuevo nivel de extremismo.

Artistas clave:

Metallica, Slayer, Anthrax, Megadeath

A comienzos de los 90, el legendario álbum Metallica de Metallica (también conocido como The Black Album) les había puesto realmente fuera del alcance del grupo perseguidor, coronando las listas de Estados Unidos y vendiendo siete millones de copias. La combinación de las baladas «The Unforgiven» y «Nothing Else Matters» con el crujiente stadium rock de «Enter Sandman» hizo a Metallica más accesible de lo que nadie habría creído posible, y también había cambiado las reglas para las bandas de hard rock en general.

Manowar entró en el Libro Guinness de los Récords durante su gira «Espectáculo de Poder», de 1984, como la banda de rock and roll de más decibelios del mundo. Su álbum *Fighting The World* (1987), se puso a la venta tres años después de su álbum anterior, aunque la espera mereció la pena.

Tres años después, Far Beyond Driven, de Pantera, entró en el número uno de las listas Billboard, y más tarde, en esa misma década, Megadeth (integrado por Dave Mustaine, el despedido guitarrista de Metallica) editó una serie de álbumes de platino y multiplatino antes de disolverse en 2002.

Con Metallica y Megadeth avanzando desde hacía tiempo, Anthrax y especialmente Slayer se beneficiaron al permanecer fieles a las raíces speed metal. El cuarteto sueco Haunted aportó un giro brutal y contemporáneo, con los pintorescos Iced Earth de Florida demostrando qué se puede conseguir con un poco de ingenio añadido.

Death metal y grindcore

El death metal y el grindcore tuvieron ambos sus raíces en la decadente escena thrash metal de mediados de los 80. Al concluir esa década, los músicos de ambos lados del Atlántico estaban buscando nuevas y espeluznantes formas de escandalizar. Los estilos acabaron gravitando unos alrededor de otros y, a la vez, empezaron a recobrar entidades muy diferentes.

«Nuestra intención es poner nervioso al mayor número de personas posible.»

Jeff Walker, Carcass

Musicalmente, el death metal y el grindcore tienen mucho en común con el thrash metal y el black metal, pero con un mordaz elemento satírico en las letras que les añade intensidad.

Las bandas de death metal como Morbid Angel y Death situaron sus letras obsesionadas con la violencia, el sufrimiento y el dolor en un marco más complejo que los primeros grupos de

El sonido de Napalm Death era tan extremo que al principio algunos críticos pensaron que se trataba de una broma.

grindcore influenciados por el punk rock. Además de compartir al guitarrista Bill Steer, los álbumes debut de Napalm Death y Carcass (el legendario Scum, de 1987, y el Reek Of Putrefaction, del año siguiente) tenían mucho en común. Los dos eran escaparates de un material de asombrosa velocidad y, a menudo, discordantemente breve, así como de un mordaz contenido social. Sin embargo, pronto ambas bandas se dieron cuenta de las limitadas posibilidades de lo que estaban haciendo y comenzaron carreras más sólidas.

Finalmente, en 1996, los Carcass se vieron varados en tierra de nadie con el álbum Swansong, más orientado al mainstream, y los miembros se separaron poco después. Fieros defensores de su condición underground, Napalm Death raramente han sonado más feroces o incisivos que en sus dos álbumes, Enemy Of The Music Business y Order Of The Leech.

Una superabundancia espantosa

Al igual que Napalm y Carcass encendían la mecha en el Reino Unido, la banda Death de Chuck Schuldiner hacía lo mismo con su propio debut en 1987, Scream Bloody Gore. Los compañeros de Florida, Morbid Angel, no se estaban quedando muy a la zaga del guitarrista y cantante Schuldiner, y a comienzos de los 90 la escena death metal norteamericana incluía a miles de bandas. Cada una de ellas parecía personificada por un nombre espantoso y un logotipo indescifrable.

Artistas clave:
Morbid Angel, Death, Napalm Death, Carcass

Entre los primeros en causar impresión estaban Slayer, Cannibal Corpse, Obituary, Deicide, Immolation, Autopsy, Malevolent Creation, Gwar y Suffocation. En Brasil surgieron Sepultura, y en Escandinavia Dismember, Entombed, At The Gates, Carnage y Hypocrisy.

Tan pronto como el death metal se convirtió en un gran negocio, su mecanismo de control de calidad se fue al garete. Los grandes sellos empezaron a contratar a genéricos de segunda ola, como Cancer, y pronto los discos empezaron a ser juzgados por quién los había producido y dónde, y no por sus músicos.

Mientras el cantante y guitarrista brasileño Max Cavalera traducía «Dance On Your Grave», de Motörhead, al portugués, pensó que Sepultura sería un buen nombre para el grupo.

Death metal melódico

Tras un período de estancamiento, las bandas In Flames, Dark Tranquillity, Soilwork y Sentenced habían revitalizado el death metal. La yuxtaposición de segmentos melódicos e intensidad tradicional ha dado como resultado un death metal melódico que se conoce como «sonido Gotemburgo». Mientras tanto, Mike Amott, ex guitarrista de Carnage/Carcass, y sus compañeros escandinavos de Arch Enemy se han atrevido a fichar como cantante solista a una chica desconocida, Angela Gossow, de Alemania, y están cosechando la creciente recompensa de su mejor producción hasta la fecha, Wages Of Sin, de 2001. Nile, de Carolina del Sur, también le han dado al death metal un giro cinemático y sinfónico con su muy recomendado álbum de 2002, In Their Darkened Shrines.

Madchester

En ocasiones, un estilo musical está tan imbrincado en una localidad que acaba tomando su nombre. A comienzos de los 60, Liverpool dio a luz el sonido Merseyside y el Merseybeat; a finales de los 80 y primeros 90, la ciudad inglesa de Manchester produjo el llamado sonido Madchester.

«Manchester tiene de todo excepto playa.»

Ian Brown, cantante, Stone Roses

El Madchester designaba una escena de clubes, una subcultura juvenil y un estilo de música; también era conocido como «Baggy» (ancho, holgado) debido a las ropas holgadas que llevaban los chicos. La primera banda de la escena del Madchester fueron los Happy Mondays, con su visión drogada, casi psicodélica, de la música dance. Adoptando ritmos funk y hip hop rematados con letras de monólogo interior, a menudo impregnadas de una amenazante corriente subterránea, Bummed (1988), de los Mondays, mostraba un estilo único que, aún en estado líquido, parecía empezar a coagular.

Manchester ya había dado la que tal vez sea la más importante banda de guitarra británica de los 80, los Smiths, y luego produjo otra importante banda guitarrera: los Stone Roses. Ambas estaban muy influenciadas por el guitar pop de los 60, y aunque el homónimo primer álbum, de 1989, de los Stone Roses tiene poco que ver con la influencia dance, un remix más orientado al dance de «Fool's Gold» ayudó a situar a los Stone Roses como la principal banda de Manchester junto a los Happy Mondays.

Los Happy Mondays consiguieron lo que se merecían con su segundo álbum, Pills, Thrills And Bellyaches (1990). Con un embriagador y vertiginoso mix de ritmos trippy y letras surrealistas cantadas en un tono gamberro y ocasionalmente inquietante por el vocalista Shaun Ryder, el álbum representaba el pináculo de la escena Madchester. También reveló la desvergonzada apropiación de la música de los Mondays («Step On» es, en esencia, «He's Gonna Step On You Again», de John Kongos, y la melodía de «Kinky Afro» está tomada «prestada» de «Lady Marmalade», de LaBelle).

El sonido Madchester

Los Stone Roses y los Happy Mondays no eran en absoluto los únicos músicos en escena. Los eclécticos izquierdistas James lanzaron, con su álbum Gold Mother (1990), el sencillo de éxito «Sit Down», un mini himno para la generación Madchester. No obstante, su sonido era demasiado variado para convertirles en un grupo de puro Madchester, con sus marcadas influencias folk y su inclinación por el sonido stadium rock.

Artistas clave:
The Happy Mondays, The Stone Roses, James, The Charlatans, Inspiral Carpets

El órgano Hammond jugó una parte importante en el sonido de los Inspiral Carpets y de los Charlatans. El trabajo al órgano de Clint Boon hace una contribución integral al álbum Life (1990), de Inspiral Carpets, aunque la inconsistencia del grupo supuso que su mayor aspiración a la fama en la historia de la música sea que Noel Gallagher, el artífice de las canciones y fuerza creativa de Oasis, empezase su carrera musical como un roadie del grupo, aprendiendo los entresijos del negocio musical.

Some Friendly (1991) revela a los Charlatans como una banda más tradicional que los Stone Roses y los Happy Mondays, con su pavoneo a lo Rolling Stones y su órgano «wakka wakka», según el modelo establecido por Deep Purple en su sencillo «Hush», como en un regreso a 1968.

El club La Hacienda fue abierto en 1982 por un grupo de personas (entre ellas el grupo de Manchester New Order) que pensaban que la ciudad no ofrecía un local nocturno adecuado a sus necesidades. El innovador club de la era espacial pronto adquirió un estatus legendario, identificándose como el hogar de la escena Madchester.

En la periferia de la escena, los Farm lucharon por una identidad antes de alinearse con el sonido inspirado en el Madchester. Pese a ser vistos como bastante mentecatos y como un grupo un poco novelty, su álbum Spartacus (1991) produjo dos sencillos de éxito, «Groovy Train» y «All Together Now», este último incorporando la melodía del clasico «Canon» de Johann Pachelbel.

Drogas y clubes

Al igual que el rock psicodélico estuvo muy influenciado y asociado al LSD, la escena Madchester estaba muy influenciada y asociada con la droga llamada éxtasis. Las sustancias «ex» («Adam» o «XTC», como también se las conoce) inducen un sentimiento de «amorosidad» dichosa y una fuerte empatía con las personas que comparten la experiencia o, sencillamente, están presentes.

En realidad, la asistencia a los clubes jugó un papel importante en la conformación de la escena, y el Madchester utilizaba a menudo los ritmos de baile acid house que oían los músicos en sus idas y venidas de los clubes. Como con otras muchas etiquetas, los orígenes precisos del término «Madchester» están abiertos a la especulación. Se cree que Rave On Manchester EP (1989), de los Happy Mondays, dio su nombre a la escena; sin embargo, el término también es un apropiado juego de palabras con «mad» («loco»), puesto que la droga asociada con la escena ocasionó alguna que otra conducta, en fin, bastante desquiciada.

Temas clave:
«One Love», The Stone Roses
«Sit Down», James
«Step On», The Happy Mondays
«The Only One I Know», The Charlatans
«This Is How It Feels», Inspiral Carpets

Los Stone Roses se vieron envueltos en un proceso judicial muy largo con su antigua compañía discográfica, tras lo cual se sumieron en un período de pereza y tardaron cinco años en lanzar su segundo álbum, modestamente titulado The Second Coming (1994). La pérdida de ímpetu fue el final de la banda; el cantante Ian Brown emprendió su carrera en solitario y el guitarrista John Squire lideró la desafortunada banda de rock tradicional los Seahorses. Los Happy Mondays se disolvieron debido, en gran parte, al abuso de drogas por parte de Ryder, el cual se mantuvo sin embargo lo bastante bien como para formar Black Grape, banda que continuó donde los Happy Mondays lo habían dejado.

Rock alternativo o indie

Más que una categoría «cajón de sastre» que incluye a muchas bandas musicalmente diversas de los 80 y los 90, el término «alternativo» es en general una denominación estadounidense que se refiere a cualquier grupo remotamente izquierdista y no mainstream, mientras que «indie rock», en principio, se refiere a las bandas del Reino Unido que graban para sellos menores independientes, asimismo como bandas que no pertenecen al mainstream.

«Nosotros demostramos que la música alternativa es un producto viable.»

Krist Novoselic, Nirvana

El rock alternativo abarca muchos subestilos. Para complicar las cosas, se puede decir que muchos grupos empiezan su carrera como «alternativos» simplemente porque son poco conocidos y, por tanto, no son mainstream, pero en cuanto tienen más éxito y, en consecuencia, se incorporan al mainstream, ya no se consideran «alternativos», aunque su música haya cambiado poco.

Grupos del mainstream como Radiohead, U2 e INXS han sido descritos como «alternativos» en algún momento de sus carreras. ¿Confundido? ¡No es para menos! ¡Simplemente no te tomes esta categoría «alternativa» de forma demasiado rígida!

En Estados Unidos, las dos primeras bandas alternativas de importancia duradera fueron R. E. M. y Hüsker Dü, las cuales aparecieron a mediados de los 80. R. E. M. empezó como una banda de guitar pop, e inspiraron a numerosos grupos posteriores, pasando así a convertirse en una de las bandas más importantes y de más éxito del planeta; el speed pop de Hüsker Dü también fue influyente, aunque nunca entraron en el mainstream.

Tras recibir aclamación crítica por álbumes como *The Bends* (1995) y *OK Computer* (1997), el estilo musical de Radiohead sigue evolucionando con cada disco.

Una escena amplia y abierta

En los 90, el grupo alternativo más influyente fue Nirvana, que surgió de la llamada escena grunge de Seattle; su disco Nevermind (1991) rompió la barrera entre el hard rock y el rock alternativo.

Artistas clave:

R. E. M., Hüsker Dü, Nirvana, The Smiths

Influenciados por el uso de las dinámicas de los Pixies (es decir, pasajes tranquilos seguidos de pasajes fuertes como puede oírse en «Smells Like Teen Spirit»), apreciable en «Surfer Rosa» (1988), Nirvana fueron descritos como «los Guns N' Roses que te gustan»; es decir, hacían hard rock melódico sin las connotaciones machistas y misóginas que tradicionalmente acompañan a muchas bandas de hard rock.

La escena alternativa es tan amplia que abarca a grupos experimentales como los Butthole Surfers, de Austin (Texas), y Sonic

smashing pumpkins ∗ siamese dream

Siamese Dream (1993), de los Smashing Pumpkins, era rock con una textura nueva.

Youth, banda surgida de la escena del noise neoyorkino. En el otro extremo del espectro, figuran bandas con influencias de rock tradicional, como Jane's Addiction y los Smashing Pumpkins, encabezados por el alternativo héroe de la guitarra Billy Corgan, quien hace gala de su virtuosismo con lo mejor de ellos en Siamese Dream, de 1993. Nine Inch Nails llevó el tradicionalmente conservador heavy metal a nuevas zonas con sus máquinas de percusión y su industrial metal, y Danzig llevó el metal a nuevos territorios musicales con Danzig III: How The Gods Kill (1992).

Festival de Lollapalooza

Perry Farell, el cantante de Jane's Addiction, envasó la escena alternativa en la gira de Lollapalooza de los 90, un circo musical itinerante que mostraba a muchos de los grupos alternativos, pero también celebraba la contracultura alternativa al estilo de los 90, con puestos de tatuajes y piercing. En 1996 se originó una polémica cuando el festival fue encabezado por Metallica, lo que de nuevo ilustra la amplitud de la categoría «alternativa». En sus orígenes, y en términos generales, Metallica fue, desde luego, una banda alternativa, aunque de la variedad speed metal; sin embargo, muchos puristas alternativos pensaron que realmente se trataba de dinosaurios heavy metal sin reconvertir.

El indie del Reino Unido

La escena del indie rock tiene muchas semejanzas con la escena alternativa de los Estados Unidos. Inspirados por el espíritu DIY («Do It Yourself») de los punk rockers, brotaron muchos pequeños sellos independientes que ofrecían una refrescante alternativa a los grandes y pesados sellos corporativos, considerados aburridos y dirigidos por estirados hombres con traje. Irónicamente, muchos de estos sellos fueron absorbidos por los grandes sellos discográficos.

Álbumes clave:
Dragnets, The Fall
Land Speed Record, Hüsker Dü
Murmur, R. E. M.
Nevermind, Nirvana
The Smiths, The Smiths

Aunque se basa más en el pop que el rock alternativo de Estados Unidos, el indie rock abarca igualmente otros estilos, como el shoegazers (siendo My Bloody Valentine los líderes de este movimiento), el Madchester (como el de los Happy Mondays), el britpop (del que son ejemplo Blur y Oasis) y el rock gótico (como el de los Sisters of Mercy).

Probablemente, la banda de indie rock más duradera y prolífica sean los Fall, liderados por Mark E. Smith. A pesar de ser una formación en permanente cambio, el extraordinario sonido de los Fall ha cambiado poco a lo largo de los años. Su marca musical se la debe a la parte vocal, medio cantada medio hablada, de Smith, respaldada por una guitarra y unos teclados crispados y, a veces, cacofónicos, como en Grotesque (After The Gramme), de 1980.

El homónimo primer álbum de los Smiths de 1984 anunció el guitar rock británico más influyente de los 80 y, al igual que R. E. M. al otro lado del charco, los Smiths fueron influidos por el guitar pop de los 60 como el de los Byrds, pero con un punto de vista sobre la vida extraordinariamente inglés, debido al cantante Morrissey.

Morrissey fue el portavoz de una generación desengañada con su desolado sonido y sus letras reflexivas.

My Bloody Valentine sentó las bases del sonido etéreo que llegó a definir el sonido shoegazer.

Shoegazing

Al principio acuñado como una crítica a las estáticas interpretaciones en vivo de los grupos (se decía que sus miembros permanecían quietos por completo mirándose fijamente los zapatos, o shoes, en ingles) los llamados shoegazers tocaban un rock lento o de tempo medio, en general con guitarras muy distorsionadas o con mucha reverberación, rematado por una parte vocal soñadora, melódica y etérea.

«*Tratamos de que sea la música la que muestre su personalidad, manteniéndonos nosotros bastante anónimos.*»

Andy Bell, Ride

Influenciado por el uso de guitarras distorsionadas de los Jesus & Mary Chain y el desapego del mundo de los Cocteau Twins, el shoegazer fue, inicialmente, un movimiento británico, siendo su exponente más destacado My Bloody Valentine.

My Bloody Valentine siguió un largo y tortuoso camino desde su grabación debut This Is Your Bloody Valentine, en 1985, hasta la obra maestra que es su álbum Loveless, de 1991. Después de unos inicios como banda gótica, su sonido característico comenzó a surgir con la incorporación de la cantante Bilinda Butcher y el desarrollo del sonido de guitarra del líder de la banda, Kevin Shields.

Luego se retiraron al estudio de grabación durante dos años para refinar más su sonido, y gastaron alrededor de 310.000 dólares en tiempo de uso de estudio, lo que casi llevó a la quiebra a su sello, Creation. Como muestra de la cuidadosa atención del grupo al detalle sonoro, en los créditos de la parte técnica de la grabación figuran hasta 18 nombres diferentes (entre ellos dos miembros del grupo). Centrándose en los impresionantes sonidos de guitarra de Shield y la sensual interacción entre éste y la aérea voz de Butcher, Loveless define el sonido shoegazer (o shoegazing).

Toni Halliday, cuya lánguida voz atraviesa el sonido de ensueño de múltiples estratos de Curve. Halliday pasó a colaborar como cantante invitada en el tema «Original» de Leftfield, incluido en su álbum *Leftism*, de 1995.

El carro del éxito

Tal fue la autoridad de My Bloody Valentine sobre el estilo shoegazer que algunas bandas inspiradas por Loveless fueron acusadas de subirse al carro de dicho estilo. Curve, en particular, sufrió dicha mala prensa, aunque en Doppelganger (1992) parecen encontrar su propia visión del paisaje sonoro de Loveless. Por su parte, los Verve surgieron del Wigan (ciudad perteneciente al área metropolitana de Manchester) más oscuro y ofrecieron una visión psicodélica del sonido shoegazer, como se oye en A Storm In Heaven (1993).

Artistas clave:

My Bloody Valentine, Curve, The Verve, Ride, Chapterhouse

Insular

El shoegazer era un movimiento bastante introspectivo e insular, y algunas de las bandas de dicho estilo, como Ride, Chapterhouse, Curve, Slowdive y Lush, se esforzaron en desarrollar su peculiar sonido. Otros lograron evolucionar y alcanzar un público mayor. La influencia shoegazer se puede oír en Leisure (1991), de Blur, aunque en el momento de Parklife (1994) se habían establecido como precursores del britpop.

Los Verve irrumpieron en el mainstream con su imponente sencillo de éxito «Bitter Sweet Symphony», incluido en Urban Hymns (1997). Del mismo modo, Everything's Alright Forever (1992), de Boo Radley, revela una deuda con el sonido shoegazer, aunque en Wake Up! (1995) eran más bien una sencilla banda pop.

Las actuaciones en directo notoriamente estáticas de los grupos shoegazer no les ayudaba precisamente a ser apreciados como grupos en directo, y pocos fueron capaces de moverse en nuevas direcciones. Incluso Kevin Shields encontró difícil una continuación a Loveless; de hecho, My Bloody Valentine aún no había grabado otro álbum de larga duración cuando Shields se unió a Primal Scream como guitarrista de forma semipermanente a finales de los 90. La influencia shoegazer se puede apreciar en el trip hop.

Patti Smith, la reina del underground, ha descrito su extraordinario sonido como «rock de tres acordes unidos por el poder de la palabra». El primer álbum de Smith en 1975, *Horses*, fue el primer disco de rock underground que entró en el Top 50 de Billboard.

Rock underground
y garaje de EE. UU.

Tomando su nombre de los precarios locales donde ensayaban sus prime-
ros practicantes, el rock de garaje comenzó en Estados Unidos a mediados
de los 60. Las fuertes y distorsionadas guitarras no lograban disimular los
vínculos con mentores del pop británico como los Beatles, los Rolling Sto-
nes y los Who. Posteriores bandas de acid rock, como los Electric Prunes,
incorporaron influencias progresivas y psicodélicas.

Sin embargo, la mayor parte de los grupos de la primera oleada de rock de garaje estaban destinados a gozar de un efímero atractivo de culto, para quedar luego relegados al olvido. A
comienzos de los 70 el rock de garaje se volvió más crudo y
más ronco, adquiriendo un carácter más politizado. Entre las
primeras indicaciones de que algo estaba en marcha, el futuro
guitarrista de Patti Smith, Lenny Kaye, sacó Nuggets Vol. 1 –
The Hits, un legendario doble recopilatorio que incluía a gente
como la Chocolate Watch Band, los Electric Prunes, Blue Cheer,
Seeds y los Nazz de Todd Rundgren, y que incluso acuñaba el
término «punk rock» por primera vez, utilizado en las notas de
contraportada del disco.

Prosa y punk rock

En 1975, Kaye daba soporte musical a las lecturas de poesía de
Patti Smith. El decisivo álbum Horses (1975), de Smith, había
casado con éxito su audaz prosa con un sonido de proto-rock
de garaje, convirtiéndolo en uno de los álbumes más influyentes en el desarrollo del punk rock. Por otra parte, una portada
de primer sencillo con el asesinato de John F. Kennedy había
dado a los Misfits tan mala fama que los sellos tenían miedo
de poner a la venta su producto. Al final, álbumes como Walk

Among Us, de 1982 (o, tal vez, más precisamente, el patrocinio de los gigantes del thrash metal Metallica, que versionaron «Last Caress» en los 80), aseguraron con retraso el lugar de los punks de Nueva Jersey en los anales del llamado «rock underground».

La escena rock alternativa de Estados Unidos estaba en desarrollo. El grupo punk Black Flag, de la Costa Oeste, hizo su aportación. Aunque en 1986 el guitarrista Greg Ginn había disuelto el grupo, su sello SST presentó al mundo a los Meat Puppets, Sonic Youth, Hüsker Dü, Soundgarden, Screaming Trees, los Minutemen y Firehose, convirtiéndose en una de las discográficas más importantes del momento. SST también publicó I Against I, de los fusionistas Bad Brains, de Washington D. C., y el sludge rock de St Vitus, a lo Black Sabbath.

Eclecticismo retorcido

Los Butthole Surfers y los Big Black cristalizaron el eclecticismo retorcido del rock underground de Estados Unidos, que se transformó en hard y punk rock con ecos alternos de psicodelia, art rock, folk e incluso country. Ambas bandas se formaron en 1982 y estaban lideradas por los dotados e inflexibles inconformistas Gibby Haynes y Steve Albini, haciendo una música potente, cínica, enloquecida y, a menudo, irónicamente divertida.

Artistas clave:
Patti Smith Group, Dinosaur Jr., Hüsker Dü, Sonic Youth, Jon Spencer Blues Explosion

El desquiciado Haynes, en particular, basó su carrera en un comportamiento horrorosamente malo, aunque resultaba perdonable si creaba discos tan brillantemente deshilachados como Locust Abortion Technician, de 1987. Tras cinco años juntos, los miembros de Big Black se separaron en su apogeo, y Albini

Sonic Youth surgió de la escena «no-wave» de Nueva York con un sonido feroz, que mezclaba embriagadoras melodías y una intensa instrumentación que la banda refinó con el paso del tiempo.

se convirtió en un notable productor (o, para usar su término preferido, «ingeniero de grabación») a través de su trabajo con Nirvana, los Pixies e incluso sus admirados Cheap Trick.

A diferencia de sus rivales R. E. M., las bandas de Minneapolis Hüsker Dü y los Replacements nunca se convirtieron del todo en nombres muy conocidos por el gran público. No obstante, las técnicas compositoras del guitarrista Bob Mould y el batería Grant Hart siguen siendo de las más celebradas del rock underground de Estados Unidos. Al igual que Sonic Youth, los Hüsker Dü se pasaron a un sello importante a finales de los 80, aunque el grupo se separó en enero de 1988 cuando la prolongada rivalidad entre Mould y Hart se hizo insostenible. Mientras tanto, los Replacements, formados en 1979, realizaron algunas de las actuaciones más ruidosas y caóticas de la década de los 80, aunque a veces no podían acabar los shows debido a su estado de embriaguez (o a algo peor). Su negativa a grabar vídeos que los hicieran accesibles a un público más amplio también aceleró la defunción de los Replacements, aunque el cantautor Paul Westerberg ha logrado mantener una carrera en solitario de culto y el ex bajista Tommy Stinson ha dado giras con Guns N' Roses.

Éxitos continuados

Sonic Youth estaban al menos lo bastante informados como para asegurarse de que su contrato les diese total control creativo cuando firmaron con DGC (sello filial de Geffen Records), lo que les ofrecía una cierta esperanza de que el arte independiente pudiese trabajar de común acuerdo con la distribución y el márketing corporativo. No obstante, desde entonces las gemelas fuerzas conductoras del guitarrista Thurston Moore y el bajista Kim Gordon han recuperado la credibilidad indie al crear su propio sello SYR Records.

Al igual que muchos grupos de rock de garaje, Pussy Galore también se vio atormentado por problemas esenciales. El cuarteto sin bajista de Washington D. C., que tomó su nombre del personaje femenino de James Bond, creó un desagradable y nihilista «muro de sonido» que estaba conjuntamente inspirado en los New York Dolls y la Velvet Underground. Cuando el grupo se separó en 1990, el líder Jon Spencer adoptó el irónico nombre de los Blues Explosion (también llamados JSBX) para su nuevo proyecto, mientras el guitarrista Neil Haggerty formaba el igualmente combativo Royal Trux, con la vocalista Jennifer Herrema. De estos últimos una vez se dijo que sonaban como «dos yonquis desesperados en un estudio barato armando un horrible barullo de guitarras desafinadas, batería a destiempo, y que en lugar de cantar emiten unos discordantes gemidos sobre la marcha...», de modo que no es de extrañar que, de los dos grupos, JSBX hayan tenido mejor suerte.

Temas clave:
«Last Caress», Patti Smith Group
«Freak Scene», Dinosaur Jr.
«Teenage Riot», Sonic Youth

La enérgica mezcla de punk, funk, rockabilly y soul de los JSBX era igualmente difícil de pasar por alto, y el apoyo de Steve Albini confirió más validez a las credenciales de la banda. Con su octavo álbum, el aclamado Plastic Fang (2002), el futuro éxito de Blues Explosion estaba asegurado.

Albini también ha trabajado con art rockers de California, como Neurosis, otro grupo que ha ayudado a erosionar los límites del rock underground con su muy cargado industrial metal y sus arreglos con influencia del rock progresivo. El éxito de Tool y de A Perfect Circle desde luego ha ayudado a derribar las barreras en ese sentido, aunque, según parece, ya nada seguirá siendo sagrado.

El renacer del rock de garaje

El rock de garaje ha experimentado un renacimiento, con una nueva ola de advenedizos, a menudo trajeados, que están revigorizando el estilo por todo el planeta. Entre ellos, los suecos Hives, el quinteto de Nueva York los Strokes y el dúo de Detroit White Stripes han infundido inmediatez y elegancia a una forma de música que corría peligro de volverse redundante.

Álbumes clave:
Bug, Dinosaur Jr.
Confusion Is Sex, Sonic Youth
New Day Rising, Hüsker Dü
Now I Got Worry, Jon Spencer Blues Explosion
Walk Among Us, Patti Smith Group

La revista Rolling Stone no dudó en poner a Jack y Meg White, de los White Stripes, en su prestigiosa portada, promocionando a la pareja minimalista como la «próxima moda».

Entre los grupos que les pisan los talones dentro de este círculo de élite están los Vines, unos australianos cuyo primer álbum, Highly Evolved, debutó en agosto de 2002 en el número 11 del Billboard 200, y también figuran el combo de Detroit los Von Bondies, los Datsuns y D4, de Nueva Zelanda, los BellRays, de Gran Bretaña, y los Flaming Sideburns, de Finlandia.

Metal progresivo

El trío canadiense Rush tenía poca idea de la magnitud de sus acciones cuando editó Caress Of Steel en septiembre de 1975. Sólo siete meses después del segundo álbum del grupo, Fly By Night, se embarcaron en una ola creativa que, para muchos fans, llegaría a la cima con su siguiente producción de estudio, el álbum conceptual 2112, de 1976.

«Cada día es una prueba de amistad para esta banda...»
Mike Portnoy, Dream Theatre

Aunque aún reconocible como un grupo de bar inspirado en Led Zeppelin y Cream, el cada vez más progresivo Caress of Steel presentaba los temas épicos «The Necromancer» y «The Fountain Of Lamneth» (doce minutos y medio y veinte minutos de duración, respectivamente) que estaban penetrados de un nuevo espíritu más audaz y embellecidos por las letras inspiradas en la ciencia ficción del batería Neal Peart.

Entonces como ahora, los críticos calificaron los esfuerzos del trío de pomposos y pretenciosos, pero a los fans no les preocupó. Rush sacaría álbumes mejor enfocados que Caress Of Steel a lo largo de su carrera de treinta años, aún en curso, aunque, sin duda, aquel álbum sirvió como rampa de lanzamiento para sus propios empeños, además de inaugurar un subgénero ahora conocido como metal progresivo.

Herederos del trono de Rush

En los 80, con Rush ocupados en explorar el potencial de los sintetizadores, bandas como Watchtower y Fate's Warning cogieron el testigo, en buena parte errando el enfoque al combinar unas voces innecesariamente chillonas con una instrumentación supertécnica. Sin embargo, Queensrÿche y King's X apare-

Rush es el grupo más importante de Canadá y ha conservado un gran número de fans a lo largo de su prolongada carrera, a pesar de frecuentes vapuleos de los críticos y, a veces, de los propios fans.

cieron finalmente como los adecuados herederos al trono, con Savatage al acecho y no muy atrás.

Un progreso constante

En 1988, Queensrÿche reveló su Operation: Mindcrime. Ofreciendo potencia según el modelo de Iron Maiden y melodías que planean en las alturas, el quinteto de Seattle fue anunciado como la banda de hard rock del hombre pensante.

Artistas clave:

Rush, Queensrÿche, Dream Theatre, Opeth, King's X

El álbum saludaba al propio 2112 de Rush por su concepto de censura futurista, y también a Michael Kamen por sus lujosos arreglos orquestales, aunque la obra maestra de Queensrÿche está justamente considerada como un momento decisivo del power metal por derecho propio. Operation: Mindcrime se mantuvo en las listas norteamericanas durante un año, vendiendo más de un millón de copias, aunque incluso esas cifras fueron eclipsadas por el álbum de 1990 Empire, con su obsesionante éxito «Silent Lucidity».

La marcha del guitarrista Chris DeGarmo aceleró el proceso gradual de disolución de Queensrÿche. En 1999 las cosas alcanzaron su punto más bajo con el insípido Q2K, momento en el cual a la banda le había salido un serio rival. Inicialmente llamados Majesty, la primera formación de Dream Theatre había mostrado su potencial en el debut de 1989 When Dream And Day Unite. Reemplazar al cantante Charlie Dominici por el fornido canadiense James LaBrie ayudó a que el quinteto obtuvie-

Los prolongados solos de batería, al estilo de John Bonham, de Led Zeppelin, han encontrado un hogar en el género del metal progresivo.

se una valiosa aparición en la MTV para su excelente segundo disco de 1992, Images And Words, tras el cual ya nunca miraron atrás. La insistencia del grupo en interpretar prolongados solos de batería, teclados, guitarra y bajo enfureció a los críticos, lo cual consolidó aún más el entusiasmo de sus seguidores. En términos creativos, Dream Theatre alcanzó la cima en 1999 con Metropolis Pt 2 – Scenes From A Memory, una ambiciosa pieza conceptual que la banda había modelado sobre Dark Side Of The Moon, de Pink Floyd, The Lamb Lies Down On Broadway, de Genesis, e incluso OK Computer, de Radiohead.

La mayoría del mejor metal progresivo procede de Escandinavia, con grupos tan innovadores como Opeth, Meshuggah y Therion, los cuales demuestran que un pensamiento un poco serio es todo lo que hace falta para forjar nuevas y extraordinarias ideas a partir de lo que hubo antes.

Black metal

A finales de los 80, el thrash metal estaba en las últimas. Metallica y Slayer se hallaban en camino de ser aceptados por parte del mainstream, y parecía que el heavy metal corría el peligro de perder no sólo el extremismo sobre el cual se había fundado, sino también su valor de impacto. Qué infundadas resultarían ser esas suposiciones.

«*Murió de una puñalada en la cabeza, que le atravesó el cráneo. Realmente tuve que golpear el cuchillo para sacarlo.*»

El conde Grishnackh, de Burzum, después de haber asesinado a Euronymous, de Mayhem

La inclinación de Venom a utilizar extremos efectos pirotécnicos durante su actuación en vivo redujo de forma significativa su opción de encontrar lugares para actuar.

En Estados Unidos, el death metal ya había elevado las apuestas, pero una nueva raza de músico metal aún más violenta estaba al acecho en Noruega. Pronto, grupos como Mayhem, Burzum y Emperor iban a alcanzar notoriedad mundial, doblemente inspirados por los escritos satánicos de Aleister Crowley y el innovador ruido malvado del trío Venom, del Reino Unido, cuya decisiva producción de 1982, Black Metal, fue la que realmente le dio nombre al nuevo estilo.

Delitos satánicos

El helado y desolador extremismo del black metal les dio en seguida mala fama debido a una sucesión de retorcidos actos criminales. Los rasgos de sus protagonistas fueron disimulados con «pintura de cadáver» (un fantasmal maquillaje facial blanco), y sus identidades se encubrieron con seudónimos tan macabros como Count Grishnackh, Euronyomus y Dead. Dicho anonimato les permitió perseguir una variedad de supuestas causas, entre ellas el satanismo, el paganismo y el nacionalismo..., sin olvidar la autopromoción.

Aunque la rivalidad entre los primeros líderes era feroz, finalmente se estableció un «círculo interior» de diez hombres. Juntos juraron liberar a Noruega del cristianismo, pegarían fuego a las iglesias cristianas de madera durante la noche y, después, se jactarían abiertamente de su influencia satánica. Al final, muchos de ellos murieron (algunos a manos de compañeros conspiradores), mientras otros acabaron encarcelados por asesinato, incendio premeditado o delitos graves de profanación.

Asesinato y Mayhem

De forma espeluznante, ninguno de los detenidos llegó a expresar remordimiento por sus acciones. De hecho, el cantante de Mayhem, Euronymous (apuñalado mortalmente, estando en ropa interior, por su ex amigo el conde Grishnackh, de Burzum, en 1993) una vez dijo: «No quiero que la gente me respete, quiero que odien y teman». A Grishnackh (de verdadero nombre Varg Vikernes) se le denegó la libertad condicional en junio de 2006, aunque es probable que la consiga antes de 2008.

Artistas clave:

Emperor, Burzum, Venom, Mayhem

El conde Grishnackh, de Burzum, que acabó entre rejas tras matar a su compañero del black metal Euronymous, estrella de la banda Mayhem.

De todas las bandas de black metal, Emperor se convirtió en la más popular e influyente. Tras deshacerse del maquillaje cadavérico y refinar su sonido en el álbum Anthems To The Welkin At Dusk, de 1997, el cuarteto parecía preparado para hacer grandes cosas cuando anunciaron su decisión de abandonar las giras. En 2001 la banda se separó.

El black metal ha creado de forma gradual numerosos vástagos, como los recién llegados Dimmu Borgir, los cuales han decidido añadir teclados y avanzar por caminos orquestalmente más embellecidos. Pero aunque muchos de los objetivos originales de esta música han sido por fortuna abandonados, su popularidad continúa en aumento.

A finales de 2002, el dúo noruego Satyricon grabaron Volcano, la primera producción del género en un gran sello, Capitol Records; mientras, en el Reino Unido, la multinacional Sony también entró en el mercado al contratar a Cradle Of Filth. Con su álbum Damnation And A Day, los supuestos rockeros vampíricos de Suffolk son optimistas en su intento de alcanzar la friolera de medio millón de copias vendidas.

Grunge

Con letras escritas minutos antes de ser grabadas y la producción más desvencijada que se pueda imaginar, Bleach, el primer álbum de Nirvana en 1989, no sonaba como el trabajo de un grupo capaz de derribar la fijación de la MTV por el «rock de fijador de pelo»; tampoco sus ventas iniciales (unas 15.000 copias) hacían pensar en ello. Pero eso es exactamente lo que el trío de Aberdeen (Washington) llegó a alcanzar.

«Muchos chicos estaban buscando algo que se sintiese más real y que tuviese más pasión...»
Butch Vig, productor de Nevermind

Armados únicamente con la sencillez de las canciones del guitarrista y vocalista Kurt Cobain y una visión refrescantemente fundamentalista sobre lo que debería ser hacer música, Nirvana pasó a revolucionar la música rock como se conocía en los 90 y después.

Tal fue el impacto del adictivo y renovador sencillo de la banda «Smells Like Teen Spirit», que poco importó que el riff del tema fuese tomado de «More Than A Feeling», de los clásicos y radiofónicos rockeros melódicos del grupo Boston. Viéndolo en retrospectiva, Nirvana hacía pocas cosas que no hubiesen intentado ya los Pixies en su carrera de culto de cuatro álbumes, aunque el álbum talismán del grupo, Nevermind, de 1991, fue recibido con exageración mediática. En realidad, al final, el fenómeno grunge se vio padeciendo muchos de los malestares que parecía haber curado.

Estrellas de Seattle

Pronto empezaron a aparecer imitadores de tercera categoría, aunque las credenciales de originales compañeros de Seattle,

Dave Grohl, Krist Novoselic y Kurt Cobain (de izquierda a derecha), de Nirvana, la banda que creó y personificó el movimiento grunge. Su álbum *Nevermind* se convirtió en un himno de la llamada «Generación X».

como Soundgarden, Pearl Jam, Alice In Chains y Mudhoney, nunca estuvieron en duda. No se podía decir lo mismo de Stone Temple Pilots, quienes a pesar de alcanzar en 1992 un gran estrellato con su primer álbum, Core (con tres millones de ventas), fueron tachados de plagiarios. Resulta extraño entonces que STP y Pearl Jam estuviesen entre los pocos grupos grunge con algún verdadero aguante. La voluble naturaleza de la fortuna también aseguró que una de las bandas de mayor duración y más talento de Seattle, los Screaming Trees, también se quedase en la cuneta (aunque su vocalista, Mark Lanegan, se convirtió en miembro de Queens Of The Stone Age).

Un nuevo estilo raspado

La presión del estrellato fue excesiva para el cada vez más autodestructivo Cobain. El cantante de aspecto de niño abandonado trató de suicidarse muchas veces, y pasó por varias sobredosis de heroína; en 1993, tras una de esas sobredosis, no completó un programa de rehabilitación y desapareció.

Artistas clave:
Nirvana, Pearl Jam, Soundgarden, Alice in Chains, Hole

Muchas teorías conspiratorias sugieren otra cosa, pero es seguro que Kurt se mató de un tiro el 5 de abril de 1994, dejando una esposa, Courtney Love, del grupo Hole, y una hija, Frances Bean. El matrimonio de Love y la subsiguiente tragedia oscurecieron sus propios logros con Hole, cuyo álbum de ruptura Live Through This, de 1993, fue ampliamente aclamado.

La popularidad de Pearl Jam sólo ha disminuido de forma marginal. Mientras tanto, las drogas acabaron con la vida del cantante Layne Staley y la carrera de su banda Alice In Chains. Staley murió de una sobredosis de heroína exactamente ocho años después del suicidio de Cobain.

Por otra parte, Chris Cornell, el cantante de Soundgarden, fue miembro de Audioslave, como tres instrumentistas procedentes de Rage Against The Machine. Un álbum homónimo recibió fabulosas críticas.

Los días de gloria de lo que tradicionalmente reconocemos como grunge rock hace tiempo que pasaron, pero el batería de

Nirvana Dave Grohl halló el éxito con los Foo Fighters; por su parte, Creed, Live, Silverchair, Bush, Everclear y 3 Doors Down tomaron abundantes elementos prestados de la fórmula raspada del grunge, cosechando sus propias recompensas de multiplatino.

Pearl Jam, despreciados como «corporativos» por Kurt Cobain, han permanecido fieles a sus ideales tocando en lugares menos conocidos (en un intento de enfurecer al omnipresente Señor de la taquilla) y expresando sus opiniones, aunque fuesen polémicas (especialmente contra la guerra de Irak en 2003).

Funk metal

Las estrellas del funk de los 70, como The Ohio Players, Sly & The Family Stone y Funkadelic, no se dieron cuenta durante una década de que los oídos del hard rock habían estado prestando atención. Esa misma década, la combinación del blues eléctrico de chicos blancos y el propulsivo hard rock de estadio de Aerosmith había sido considerada única; sólo Grand Funk Railroad había trabajado de una manera similar.

«La vida en Portland era una gran mezcla de las costas Este y Oeste. Teníamos a AC/DC, pero también a Sly & The Family Stone. Teníamos a Cameo, teníamos a Parliament, Humble Pie, Free y Bad Company.»

Dan Reed

Pasarían más de diez años hasta que una modernizada versión de «Walk This Way», de Aerosmith, grabada con Run-DMC, llevara la mezcla de estilos a su conclusión lógica; cuando aquella colaboración entró en las listas de éxitos de todo el mundo, abrió las compuertas para una avalancha de grupos afines. En 1986, los Beastie Boys consiguieron que su Licensed to III, cargado de rock, fuese el primer álbum hip hop en llegar a la cima de las listas estadounidenses.

El propio cantante de Aerosmith, Steven Tyler, había descrito a los Red Hot Chili Peppers como «jodidamente buenos», y el gran salto de los Chilis llegó con su álbum de 1991, Blood Sugar Sex Magik, producido por Rick Rubin. Por entonces material de base más amplia, como «Under The Bridge», «Give It Away» y «Breaking The Girl», les había recompensado con una popularidad que sólo la adicción a las drogas parecía capaz de destruir.

Los incontenibles Red Hot Chili Peppers.

Estremecimientos y caídas

Faith No More emparejó una hirviente tensión interna con una colección de discos que incluía punk, heavy metal y budismo tibetano. En 1989, todo estaba en su punto de hervor para el álbum The Real Thing, pero el estrellato que le reportaron al quinteto de San Francisco éxitos como «Epic» y «Midlife Crisis» les afectó de formas tan diferentes que, simplemente, no consiguieron aguantar.

Artistas clave:

Red Hot Chilli Peppers, Faith No More, The Beastie Boys, Dan Reed Network

En 1988, el ritmo de «Prince mezclado con Van Halen» del homónimo primer álbum de los Dan Reed Network (DRN) había electrizado y desconcertado en igual medida. Sin embargo, la vena humanitaria del cantante de Reed significaba que no estaba hecho para el negocio musical, y los DRN emprendieron caminos por separado en 1993. Formados al año siguiente, los Living Colour, de Nueva York, aprobados por Mick Jagger, ardieron con brillantez al principio, pero se separaron tras cuatro álbumes.

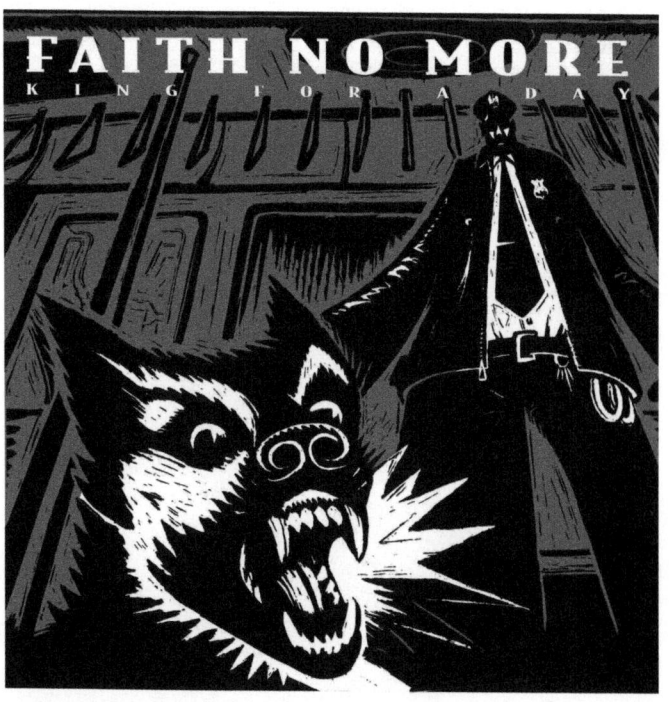

Faith No More lucharon contra sus conflictivas opiniones acerca del mainstream rock, del cual, sin darse cuenta, llegaron a formar parte.

El ska se encuentra con el funk metal

Sugar Ray y No Doubt, con sabor de ska, han llevado el sonido funk metal a un nuevo milenio, aunque cuando salieron Californication (1999) y By The Way (2002), los Red Hot Chili Peppers se habían pasado desde hace tiempo a unos tonos de rock más melodiosos, aptos para estadios. Desde entonces recién llegados como los Bloodhound Gang han llevado la inofensiva insinuación de Anthony Kiedis y compañía a sus extremos más vulgares. «Tú y yo, nena, no somos más que mamíferos / Así que hagámoslo como lo hacen en Discovery Channel», canta la vacua banda de Filadelfia en Hooray For Boobies, de 2000, haciendo retroceder en varias generaciones al funk rock y a la especie masculina de un solo plumazo. Por fortuna, los veteranos Fishbone siguen determinados a mantener valores tradicionales, aunque eso signifique avanzar por la ruta del sello independiente.

Riot grrrl

Como potente pero efímera fuerza de comienzos de los 90, desde el punto de vista lírico, riot grrrl poseía un programa muy feminista, aunque musicalmente tenía una gran influencia del punk rock. Las raíces espirituales del riot grrrl se pueden remontar a las Slits, la banda de punk británica de los 70 compuesta sólo por chicas.

> «*Porque no queremos asimilarnos a los criterios de algún otro (chico) acerca de lo que es o no es.*»
> *Del «Manifiesto del Riot Grrrl», de Kathleen Hanna*

Con sus orígenes en Estados Unidos, y el objetivo de «cortar las alambradas de alienación que separan a las chicas de los chicos», el riot grrrl fue promovido por Bikini Kill en Estados Unidos, y por sus primos espirituales Huggy Bear en el Reino Unido. El movimiento buscaba superar las tradicionales estructuras del negocio musical, dominado por hombres, grabando generalmente para pequeños sellos independientes y utilizando fanzines para llegar a sus seguidores, al tiempo que rechazaban hacerle el juego a los medios de comunicación negándose a conceder entrevistas a la prensa musical del mainstream.

Manteniendo su postura política, Bikini Kill grabó incluso para el sello Olympia, el de las Kill Rock Stars, con sede en Washington. The CD Version Of The First Two Records (1992) reúne los dos primeros álbumes de la banda: airados, agresivos y combativos, pero también inteligentes. Bikini Kill se asoció a Huggy Bear para Yeah! Yeah! Yeah! (1992), en el que cada grupo ocupaba una cara de la producción de treinta centímetros.

Pussy Whipped (1994), de Bikini Kill, es más experimental, variado y accesible, pero la preferencia del grupo por las interpretaciones entusiastas frente a los valores de una producción refinada no ayuda a hacer más atractiva su escucha. La ex cantante

Huggy Bear, de Brighton (Gran Bretaña), estaba integrado por dos chicos y tres chicas, y tuvieron éxitos con canciones como «Her Jazz».

de Runaways e intérprete en solitario Joan Jett ayudó a tratar esto al producir el sencillo «New Radio», de Bikini Kill, incluido en The Singles (1998).

Actuaciones dedicadas a chicas

En los conciertos en directo, al público se le pedía que dejaran a las mujeres en primera fila. En 1993, durante una actuación de Huggy Bear en Londres, un miembro masculino del público se opuso a la política de «en primera fila, sólo chicas», y la confusión resultante hizo que la actuación acabase siendo un caos. Bikini Kill invitaba a que los miembros femeninos del público cogiesen el micrófono y debatieran temas sobre el maltrato y el abuso sexual.

Artistas clave:

Bikini Kill, Huggy Bear, Sleater-Kinney, Babes In Toyland, Tribe 8

Como pioneras del movimiento riot grrrl, Bikini Kill ofrecían a las mujeres de los 90 una marca de agresiva frustración musical y promesas de libertad femenina similar a la que las Slits ofrecieron a las chicas punk en los 70.

Publicidad negativa

A los medios de comunicación británicos y norteamericanos les gustaban las historias sobre el riot grrrl, pero la falta de cooperación por parte de las bandas supuso que la publicidad de los medios quedase fuera de la influencia de los grupos. Huggy Bear generó cierta polémica cuando interrumpieron el programa cultural juvenil del Reino Unido «The Word» para objetar algo contra el tema de las guapas tontas («bimbo», en inglés). En los Estados Unidos, Kathleen Hanna, la cantante de Bikini Kill, obtuvo también publicidad extramusical cuando Courtney Love, de Hole, le dio un puñetazo en la cara: ¡no había mucha hermandad ahí, desde luego!

161

De forma irónica, pese a tener una válida postura feminista, sobre todo en lo referente al sexismo en la industria discográfica, negarse a dar entrevistas a la prensa musical limitó el impacto del movimiento, y, musicalmente, ni Bikini Kill ni Huggy Bear fueron capaces de avanzar o captar una audiencia mayor.

Algo del espíritu y la influencia del riot grrrl se puede oír en la banda británica Bis y en las bandas norteamericanas L7, Babes In Toyland y Hole. El movimiento se desvaneció en gran parte cuando Kathleen Hanna fue a graduarse a la universidad en 1998, aunque Sleater-Kinney se formó con los restos de las dos primeras generaciones de grupos riot grrrl y mantuvo en alto la bandera con Call The Doctor (1996).

Nu metal

Como el nombre del género sugiere, la coordinación y la imagen eran de crucial importancia para la esfera del nu metal. En términos puramente musicales, los principales exponentes de la escena tenían poco en común, salvo la radical distorsión de sus instrumentos y un deseo de distanciarse de los favoritos de la vieja escuela del hard rock, como Iron Maiden y Metallica.

«Existe el bien y el mal en todos nosotros, y yo disfruto tratando de sacar eso a relucir con mi música. Me gusta que mi música ponga ciertas cuestiones de manifiesto.»

Marilyn Manson

Korn provocó en los 90 el renacimiento de la música metal, con su sonido crudo y teñido de hip hop y unas sinceras canciones que hablaban a adolescentes incomprendidos de todas partes.

La disparatada muchedumbre de fans del nu metal reunía desde los admiradores del pop rock con sabor rap de Limp Bizkit hasta los devotos del irascible metal teatral de Slipknot. Marilyn Manson y Nine Inch Nails, por ejemplo, eran nombres conocidos antes de que los críticos empezaran a agruparlos junto a una colección de inadaptados musicales.

Aunque a Faith No More siempre les molestará la idea, la provocativa y caóticamente excéntrica marca de funk metal del quinteto de San Francisco ayudó a definir las raíces del nu metal a mediados de los 80. Más tarde, en esa misma década, el grunge de Nirvana también ayudaría a derribar barreras líricas, filosóficas y visuales, preparando el terreno para un enfoque más oscuro, nihilista y raspado.

Entre los primeros grupos nu metal en cristalizar estaba Korn, un quinteto de Bakersfield (California). Arremetiendo contra la asfixia de los Estados Unidos rurales, Korn estaba liderado por el vocalista y ex empresario de pompas fúnebres Jonathan Davis. El homónimo primer álbum del grupo, irresistiblemente desdichado, apareció en 1994, supervisado por Ross Robinson, el productor que pronto se convertiría en una pauta de aprobación desde dentro del círculo nu metal. Las violentas letras de Davis trataban temas previamente tan tabúes como el acoso infantil e incluso el abuso sexual, conectando con muchas almas confusas que vivían o habían vivido esa situación. Korn era un disco de efecto lento, aunque finalmente vendió dos millones de copias, y, dos años más tarde, la banda confirmó su calidad de estrellas con Life Is Peachy. Tres álbumes más de estudio y siete años después, Korn ha logrado niveles de coherencia y longevidad con los que otros grupos de nu metal sólo pueden soñar. Sin embargo, sus principales rivales son Slipknot y Limp Bizkit.

Otras propuestas

Procedentes de Des Moines (Iowa), los nueve miembros de Slipknot también utilizaron las represiones o frustraciones de su propia juventud como tema muy eficaz para canciones como «Wait And Bleed», «Spit It Out» y «People = Shit».

Artistas clave:

Limp Bizkit, Slipknot, Korn, System Of A Down, Marilyn Manson

La enmascarada banda Slipknot se compone de nueve miembros: tres percusionistas, dos guitarristas, un bajo, un DJ, un sampleador y un cantante solista. Esta formación muestra un alejamiento de la banda tradicional y da una idea de cómo evoluciona la música rock.

Fusionando riffs afilados con una percusión bárbara, además de samples y teclados, de la noche a la mañana los Slipknot se convirtieron en héroes, tras firmar con Roadrunner Records, en 1999, para su segundo álbum de ventas de platino Slipknot (su primer álbum, Mate. Feed. Kill. Repeat, de 1997, fue autofinanciado). La negativa del grupo a ser fotografiados sin sus terribles máscaras y sus monos marca de la casa dividió las opiniones sobre su mayor o menor validez musical, aunque para la mayoría aquello sólo realzaba su misterio.

Una prueba de la efervescente popularidad de Slipknot llegó en 2001, cuando su tercer álbum, Iowa, llegó al número tres en las listas Billboard.

Fred Durst de Limp Bizkit, la cara más pública del nu metal, es tan famoso por su gorra roja de béisbol y su sonrisa burlona como por sus cuitas infantiles y sus espontáneas ocurrencias. El ubicuo Durst planeó con astucia el camino hacia su envidiable e influyente posición actual. Fue Durst quien fichó al mago del tocadiscos DJ Lethal para que tocase en el primer álbum de Limp Bizkit, Three Dollar Bill, Y'All$, de 1997, y quien descubrió a Staind, los futuros top de las listas de Estados Unidos. También fue él quien reconoció la importancia del intercambio de archivos en internet, generando gran polémica al alinear al grupo con este sistema de difusión de música durante una gira patrocinada precisamente por Napster, servicio pionero de las redes P2P de intercambio de archivos en la red, y reconocida bestia negra de la industria musical.

El tercer álbum top de las listas de Estados Unidos de 2000, Chocolate Starfish And The Hotdog Flavored Water mostró el buen momento de Limp Bizkit. El guitarrista Wes Borland se marchó en 2001 y volvió en 2004, pero la vitalidad se había perdido y su momento pasó.

Impredecibles bufonadas

Si hay un factor que cohesiona al nu metal es la total imprevisibilidad del género. Desde las bufonadas camaleónicas inspiradas en el shock rock de Marilyn Manson hasta el electrizante inconformismo del cuarteto armenioamericano System Of A Down y el trasfondo comercial de Linkin Park, las bandas, una vez más, parecen contentas de tomar ciertos riesgos.

Álbumes clave:
Iowa, Slipknot
Korn, Korn
Life Is Peachy, Korn
Three Dollar Bill, Y'All$, Limp Bizkit

Wes Borland, guitarrista de Limp Bizkit, cuya marcha de la banda en 2000 dejó su huella; más tarde volvió, pero el apogeo del grupo había pasado. Arriba, carátula de su primer álbum, *Three Dollar Bill Y'All$* (1997), cuyo prometedor sonido les ayudó a desmarcarse de sus pares.

El poder de la guitarra eléctrica (a veces ofrecida en formato de siete cuerdas) sigue siendo el atractivo central de grupos como Papa Roach, Staind, Amen y Taproot, pero la integración de música electrónica, hip hop, gótico y dance está creciendo de forma constante.

Hace sólo una década, habría sido difícil de aceptar la idea de un grupo de hard rock lo bastante valiente como para absorber la influencia de Cure, en el caso de los Deftones de Sacramento, o Duran Duran y Depeche Mode en el de Linkin Park. Sin embargo, las crecientes nominaciones Grammy y las cifras de ventas sugieren que, al menos por el momento, el público no se cansa de tan ávida polinización cruzada.

La revolución del nuevo rock

En 2006, al cumplir su primer medio siglo de existencia desde el «Heartbreak Hotel» de Elvis Presley, el rock se enfrentaba a todo tipo de desafíos. Recursos digitales como el iPod estaban cambiando la forma en que se consumía la música. Los archivos informáticos descargados en MP3 eran ahora artículos rentables y elegibles para las listas más que regalos disponibles en Napster; al mismo tiempo, los sencillos de éxito se convertían en melodías de teléfonos móviles, y viceversa.

«Somos una banda reconocible por el simple hecho de que tenemos el pelo largo.»

Dan Hawkins, de The Darkness

Sin embargo, no todos se habían desprendido de las convenciones; por ejemplo, los Darkness, la banda de más éxito de Gran Bretaña en 2004, estaban a favor de las virtudes tradicionales: desde el pelo largo a los valores de una producción brillante que en su día defendieran los Queen, por no mencionar algunos

Con un sonido a menudo vinculado al de los Jam, los Kinks y los Clash, los Libertines recibieron aclamación crítica por su visión quintaesencialmente inglesa del punk rock.

vídeos inspirados en Spinal Tap. Su primer álbum, Permission To Land (2003), coronó las listas de todo el mundo, pero unirse al productor de Queen, Roy Thomas Baker, y echar al bigotudo bajista Frankie Poullain indicaba que se estaban tomando a sí mismos demasiado en serio. No obstante, el éxito de One Way Ticket To Hell And Back, de finales de 2005, sugería que, fatalmente, la broma todavía tenía que agotarse.

A un nivel más de la calle, los Libertines eran un grupo en apariencia dispuesto a seguir el ejemplo de los Clash: de hecho, Mick Jones, de dicho grupo, fue contratado para producirles, y en Pete Doherty y Carl Barat tenían un dúo líder para competir con el tándem Strummer-Jones. Por desgracia, todo fue cuesta abajo tras su prometedor debut de 2002, Up The Bracket. Aunque el homónimo disco siguiente coronó las listas dos años más tarde, Doherty era entonces persona non grata. Las canciones detallaban los enredos de una separación comparable a la propia ruptura de los Clash.

Los devaneos de Doherty con las drogas duras y una relación intermitente con la supermodelo Kate Moss mantuvieron ocupados a los diarios sensacionalistas en 2005, haciendo que su música, como de la de Babyshambles, pareciera irrelevante para muchos; mientras, Barat se esforzaba por salir de la sombra de los Libertines con sus Dirty Pretty Things.

Booms británicos

Razorlight comparte sus orígenes londinenses con los Libertines, pero como cantante Johnny Borrell se inspiraban más en figuras como Mick Jagger (o, posiblemente, Jarvis Cocker) que en el punk.

Artistas clave:

The Libertines, The Kaiser Chiefs, Franz Ferdinand, Green Day, The Killers

Influidos por el postpunk, el rock de garaje y la new wave de los 80, el espectacular álbum homónimo con que hizo su debut Franz Ferdinand, en 2004, entró en el número tres en las listas de álbumes del Reino Unido.

Los rivales en las listas, los Kaiser Chiefs, empezaron en 2005 como promesas indie, pero en octubre lograron un álbum doble platino (Employment) y tres llenos absolutos en la Brixton Academy vía Glastonbury y ser teloneros de U2. Dos de sus temas, «I Predict A Riot» y «Oh My God», estuvieron en los temas Top 5 de 2005 de los lectores de la revista Q. Los rockeros de dibujos animados Gorillaz empezaron como proyecto paralelo promovidos por Damon Albarn, de Blur, antes de eclipsar a la banda con la que comenzó.

Los escoceses Franz Ferdinand obtuvieron el premio de música Mercury y se pusieron en camino de convertirse en los sucesores clave de bandas como Pulp y los Smiths. Matt Bellamy, de Muse, descubrió su atractivo, y dijo que «combinaban música dance y rock de un modo muy elegante, sin secuenciadores ni samples». Los compañeros de sello de Franz, Arctic Monkeys, se burlaron del mercado de los Babyshambles cuando el segundo sencillo, «I Bet You Look Good On The Dancefloor», llevó a los «rascaguitarras» de Sheffield al número uno del Reino Unido a finales de 2005; mientras, los también callejeros Hard-Fi grababan su primer álbum, Stars Of CCTV, por la «magnífica» suma de 300 libras.

Coldplay avanzó para llenar el hueco dejado por la actividad intermitente de Radiohead. Liderado por Chris Martin, cuya boda con la reina de la pantalla Gwyneth Paltrow añadió encanto a la imagen gris del grupo (los cuatro ex estudiantes de la Universidad de Londres), Coldplay tuvo que soportar las burlas que los señalaban como unos U2 light; sin embargo, en cinco años grabaron tres álbumes superventas, ayudados por varios sencillos innegablemente pegadizos.

Las entendederas políticas de Martin y compañía también les convirtieron en inspiradores principales del movimiento G8 en 2005. Mientras tanto, Keane se había aprovechado a su vez del año silencioso de Coldplay para presentar Hopes And Fears, de 2004, un álbum de una sinceridad dolorosa.

Rockeando en Estados Unidos

La escena de estadounidense de los 2000 estaba dominada por los Foo Fighters y Green Day, estos últimos habiendo ya trascendido sus orígenes punk para convertirse en una gran máquina de hacer dinero. La defunción de grupos como Blink 182 dejó a la banda de Billie Joe Armstrong como líderes indiscutibles en su campo, y su álbum American Idiot, de 2004, de cuatro millones de ventas, dio una clara idea de lo que hacía falta para ganar en las ondas mientras se lanzaba un fuerte mensaje contra la Administración de Bush.

Álbumes clave:
American Idiot, Green Day
Employment, Kaiser Chiefs
Franz Ferdinand, Franz Ferdinand
Hot Fuss, The Killers
Up The Bracket, The Libertines

Gracias a éxitos como «This Is A Call» y «Everlong», y con cinco álbumes de estudio bajo su cinturón, los Foo Fighters de Dave Grohl han ganado un gran número de seguidores en todo el mundo.

Los Foo Fighters, de Dave Grohl, se beneficiaron inicialmente de su asociación con Nirvana: pero su decisión de dejar la batería para asumir el papel de guitarrista y cantante principal indicó que sus músicas ya no se parecerían. Utilizar el medio del vídeo para cazar con lazo a la generación de la MTV a través de intensos e ingeniosos clips dirigidos por los mejores del negocio garantizó que los cinco álbumes de los Foo entre 1995 y 2005 disfrutasen de una creciente recompensa comercial. También se convirtieron en unos favoritos de la «generación de los festivales».

The Killers se fueron de Las Vegas con el innovador Hot Fuss, el quinto álbum más vendido del Reino Unido en 2005; su siguiente disco, con Alan Moulder (Nine Inch Nails) y Flood (U2) en los controles, pudo lanzar aún más a la banda de Brandon Flowers. Mientras tanto, los White Stripes (Jack y Meg White) continuaron cimentando su posición como el dúo más potente e influyente del rock. Otro intento por alcanzar la gloria desde la izquierda en Estados Unidos vino de Antony and the Johnsons, de Nueva York, que, liderados por Antony Hegarty, ganaron el premio de música Mercury en 2005. El primer álbum con las estrellas invitadas Lou Reed, Rufus Wainwright y Boy George da indicios de su atractivo espontáneo.

ANEXO

Mejores festivales de música

1. South by Southwest
Austin, Estados Unidos
11-20 de Marzo

2. Vive Latino
Ciudad de México
19-20 de Marzo

3. Ultra Music Festival
Miami, EEUU
25-26 de Marzo

4. Estereo Picnic
Bogotá, Colombia
25-27 de Marzo

5. Coachella Valley Music and Arts Festival
Indio, California
14-25 de Abril

6. Stagecoach Festival
Indio, EEUU
20 de Abril – 01 de Mayo

7. New Orleans Jazz Festival
Nuevo Orleans, EEUU
29 de abril – 08 de mayo

8. Welcome to Rockville
Florida, EEUU
18-22 de Mayo

9. Electric Daisy Carnival Las Vegas
Las Vegas, Estados Unidos
20-22 de Mayo

10. Hangout Fest
Alabama, EEUU
20-22 de Mayo

11. Corona Capital Guadalajara
Guadalajara, México
21-22 de Mayo

12. BottleRock Napa Valley
Napa, EEUU
27-29 de Mayo

13. Boston Calling
Boston, EEUU
27-29 de Mayo

14. Primavera Sound
Barcelona, España
02-12 de Junio

15. Rock am Ring y Rock im Park
Nuremberg, Alemania
3-5 de Junio

16. Roots Picnic
Philadelphia, EEUU
4-5 de Junio

17. Telluride Bluegrass
Colorado, EEUU
06-19 de Junio

18. Bonnaroo Music and Arts Festival
Manchester, EEUU
16-19 de Junio

19. Something in the Water
Washington, EEUU
17 – 19 de Junio

20. Rock in Rio Brasil
Río de Janeiro, Brasil
18-26 de Junio

21. Afropunk
Minneapolis, EEUU
18-19 de Junio

22. Festival Glastonbury
Somerset, Inglaterra
22-26 de Junio

23. Electric Forest
Michigan, EEUU
23-26 de Junio

24. Roskilde Festival
Roskilde, Dinamarca
25 de Junio – 02 de Julio

25. Exit Festival
Novi Sad, Serbia
7-10 de Julio

26. Tomorrowland
Flandes, Bélgica
15-31 de Julio

27. Pitchfork Music Festival
Chicago, EEUU
15-17 de Julio

28. Riot Fest
Chicago, EEUU
16-18 de Julio

29. Rolling Loud Miami
Miami, EEUU
22-24 de Julio

30. Newport Folk Festival
Newport, EEUU
22-24 de Julio

31. Splendour in the Grass
New South Wales, Australia
22-24 de Julio

32. Float Fest
Texas, EEUU
23-24 de Julio

33. Lollapalooza
Chicago, Estados Unidos
28-31 de Julio

34. Osheaga
Montreal, Canadá
29-31 de Julio

35.Fuji Rock
Niigata Prefecture, Japón
29-31 de Julio

36. HARD Summer
California, EEUU
29-31 de Julio

37. Outside Lands Music and Arts Festival
San Francisco, Estados Unidos
5-7 de Agosto

38. Moonrise
Baltimore, EEUU
6-7 de Agosto

39. Baja Beach Festival
Rosarito, México
12-14, 19-21 de Agosto

40. Reading and Leeds Festivals
West Yorkshire, Inglaterra
26-28 de Agosto

41. Day N Vegas
Las Vegas, EEUU
02-04 de Septiembre

42. Electric Zoo
Nueva York, EEUU
02-04 de Septiembre

43. Bourbon and Beyond
Louisville, EEUU
15-18 de Septiembre

44. Life Is Beautiful
Los Vegas, EEUU
16-18 de Septiembre

45. Desert Daze
California, EEUU
29 de Septiembre – 02 de Octubre

46. Ohana Fest
California, EEUU
30 de Septiembre – 02 de Octubre

47. Austin City Limits Music Festival
Austin, EEUU
07-16 de Octubre

48. Rocking the Daisies
Centurión, Sudáfrica
7-9 de Octubre

49. III Points
Miami, EEUU
21-22 de Octubre

50. Suwannee Hulaween
Florida, EEUU
27-30 de Octubre

50 discos
imprescindibles del rock'n'roll

Fat a Man, Fats Domino
Imperial, 1949
El predecesor más inmediato del rock and roll fue este pianista de Nueva Orleans que proyectó su carrera a partir de este tema, considerado por muchos el principal proto rock 'n' roll.

Rocket 88, Jackie Brenston and His Delta Cats
Ches Records, 1951
Considerado por muchos como el primer rock 'n' roll, este rhythm & blues fue grabado originalmente en Sun Records por Delta Cats, que en realidad eran los Kings of Rhythm de Ike Turner.

Rock Around the Clock, Bill Haley and His Comets
Decca Records, 1954
Oficialmente es el primer rock and roll de la historia y su aparición en la película Blackborad Jungle (Semilla de maldad) llevó el nuevo género musical hasta el último rincón del planeta.

That's All Right, Elvis Presley
Sun Records, 1954
La primera canción de Elvis Presley que salió al mercado era un blues de Arthur Cudrup que cuatro años antes había popularizado Big Mama Thorton, una de las más grandes blueswomen.

I'm a Man, Bo Diddley
Checker (Chess Records), 1955

Este tema se lanzó como cara B del primer single de Diddley, pero no sólo se convirtió en un éxito, sino que trascendió el rhythm & blues para acercarlo más que nunca al rock & roll, al que aportó un nuevo estilo.

Tutti Frutti, Little Richard
Specialty, 1955
Obsceno, salvaje e hipnotizante, el primer tema del escandaloso Little Richard supuso la primera muestra indomeñable del nuevo estilo y su estribillo se convirtió en sinónimo de rock and roll.

Rock Island Line, Lonnie Donegan
Decca, 1955
El rey del skiffle, un género nacido en Inglaterra, grabó en los cincuenta este tema tradicional del folk norteamericano, con un sonido que marcaría a los grupos británicos que propiciaron el resurgir del rock and roll de finales de los setenta.

Bigelow 6-200, Brenda Lee
Decca, 1956
La niña prodigio del rock and roll grabó este soberbio tema cuando tenía sólo doce años, como cara B de su primer single, «Jambalaya», convirtiéndose ambos en un éxito fulminante.

Blue Suede Shoes, Carl Perkins
Sun Records, 1956
Un muchacho que le daba más importancia a sus zapatos que a su novia le sugirió a Perkins la idea para crear uno de los temas más versionados del rock and roll.

Heartbreak Hotel, Elvis Presley
RCA-Víctor, 1956
El primer número uno de Elvis en la lista de pop del Billboard estaba inspirado en un viejo blues que hablaba de corazones rotos y solitarios y supuso el inicio de la etapa estelar del Rey después de Sun Records

Come On Baby, Jo Ann Campbell
   Eldorado, 1956
   Una composición propia de La Bomba Rubia que sirvió para convertirla en la cara femenina más conocida de los primeros años del rock 'n' roll.

Unchained Melody, Gene Vincent
   Capitol, 1956
   Vicent y sus Blue Caps son los responsables de una de las versiones más sentidas y menos almibaradas de este clásico compuesto en 1955 por Alex North y Hy Zaret.

Louie, Louie, Richard Berry
   Flip, 1956
   Las añoranzas de un pescador jamaicano que regresa a casa para ver a su mujer son la base de este único éxito de Richard Berry, cuya versión más conocida es la que hicieron The Kinks.

Be-Bop-A-Lula, Gene Vincent
   Capitol, 1956
   Lula, la chica de los vaqueros rojos, la reina de las adolescentes, es la protagonista de este mito del rock que Vincent compuso junto a su amigo Donald Graves mientras se reponía en un hospital de un accidente de moto.

Ooby Dooby, Janis Martin
   RCA-Victor, 1956
   Un tema original de Roy Orbison fue el culpable de que una adolescente de Virginia se convirtiese en la reina del rockabilly, logrando escurrirse de la etiqueta de Elvis femenina que quisieron colgarle desde el principio.

Bye Bye Love, The Everly Brothers
   Cadence, 1957
   Esta canción compuesta por un matrimonio, Felice y Boudleaux Bryant, llevó a la fama a dos hermanos, los Everly Bro-

thers, que sin haberlo preparado se convirtieron en la avanzadilla del pop británico.

Susie-Q, Dale Wawkins
Checker, 1957
Mucho antes de que Credence Clearwater Revival la hiciese universalmente famosa, esta canción sacó del anonimato a su autor, aunque nunca vería un solo dólar por ella.

Peggy Sue, Buddy Holly
Coral, 1957
Dedicada a la novia del batería de The Crickets, la banda de Holly, se convirtió en una canción absolutamente innovadora dentro del primer rock 'n' roll y fue la cúspide de la efímera carrera de Buddy.

Whole Lotta Shakin' Goin' On, Jerry Lee Lewis
Sun Records, 1957
La canción que elevó a Jerry Lee Lewis a la gloria, fue grabada en una sola sesión, vendió un millón de copias en pocos días y provocó un fuerte escándalo por su letra sexualmente explicita, al menos para sus detractores.

Rock-a-Billy Boogie, Johnny Burnette
Coral, 1957
La piedra angular del rockabilly no tuvo en su día la acogida que se merecía y no llegó a entrar en puestos destacados de las listas, pero sigue siendo banda sonora de cabecera de todos los rockers del mundo.

Johnny B. Goode, Chuck Berry
Chess, 1958
El padre negro del rock and roll compuso hace más de medio siglo este himno. Desde entonces, sigue tocándolo en todos los conciertos, casi siempre con jóvenes músicos de ocasión que probablemente fue una de los primeros temas que aprendieron.

Come On Let's Go, Ritchie Valens
    Del-Fi Records, 1958
    Aunque al principio sólo fue un éxito local, este primer tema lanzó de forma meteórica la carrera del inventor de la canción que alumbró el rock en castellano: «La Bamba».

Rumble, Link Wray
    Cadence, 1958
    Este tema pionero del sonido de guitarra distorsionada tiene el dudoso honor de haber sido censurado por glorificar la delincuencia juvenil... siendo totalmente acústico.

Yakety Yak, The Coasters
    Atlantic, 1958
    Esta canción del famoso dúo compositor Leiber & Stoller, que en su letra ilustra el desencuentro generacional, marcó un hito en la historia del rock and roll al permanecer durante siete semanas como número uno de las listas de éxitos.

Summertime Blues, Eddie Cochran
    Liberty, 1958
    La historia cotidiana de verano adolescente fue uno de los mayores éxitos de Cochran y figura en el puesto setenta y tres de las quinientas mejores canciones de todos los tiempos según la revista Rolling Stone.

Let's Have a Party, Wanda Jackson
    Capitol, 1958
    Esta asilvestrada versión de una canción grabada por su amigo Elvis para una película, le abrió las puertas del Olimpo del rock a esta estrella del country que fue una de las primeras reinas del rockabilly.

It's Only Make Believe, Conway Twitty
    MGM, 1958
    Esta canción sobre un hombre atrapado en un amor no correspondido llevó al número uno de las listas americanas

e inglesas a este sólido cantante que pudo haber sido un segundo Elvis Presley.

Stagger Lee, Lloyd Price
ABC, 1958
Un antiguo blues reconvertido en un potente rock 'n' roll, con una osada letra sobre un asesinato, que arrasó en las listas y convirtió a su intérprete en una estrella de un solo éxito.

Chantilly Lace, Big Bopper
Mercury, 1958
La herencia de uno de los primeros showmans del rock que dejó la incógnita de lo que pudo dar de sí su extraordinario talento al morir en el accidente de avión junto a Valens y Holly.

Tequila, The Champs
Challenge,1958
Un cara B que consiguió un Grammy para una banda que pasó a la historia gracias a este tema instrumental.

Rebel Rouser, Duane Eddy
Jamie Records, 1958
Un rock instrumental inspirado en una canción góspel fue el primer éxito de un guitarrista que creó escuela con su peculiar estilo, conocido como twang.

Stupid Cupid, Connie Francis
RCA, 1958
Un rock 'n' roll creado por Neil Sedaka que llevó a lo más alto de su popularidad a una adolescente que se convertiría en uno de los iconos musicales de las chicas norteamericanas.

Red River Rock, Johnny & The Hurricanes
Warwick, 1959
Esta versión de la canción tradicional popular, Red River Valley, vendió en su lanzamiento más un millón de copias y sentó las bases del rock instrumental.

Sweet Nothin's, Brenda Lee
Decca, 1959
La reina del rock adolescente se colocó en 1960 en el número cuatro del Billboard con este pegadizo y cadencioso tema compuesto por Ronnie Auto.

The Tiwst, Hank Ballard & The Midnighters
Vee-Jay Records, 1959
El ritmo bailable que más beneficios ha proporcionado fue inventado por Hank Ballard, un compositor de gran ingenio, para beneficio de Chubby Checker, un cantante del montón.

Why, Frankie Avalon
Chancellor, 1959
El rey de las baladas románticas adolescentes logró el número uno del Billboard con este tema en diciembre de 1959, siendo el último número uno de la década que había visto nacer el rock y avanzando el imperio del pop en la siguiente.

Walk, Don't Run, The Ventures
Dolton Records, 1960
Este tema de jazz completamente transformado es la piedra filosofal del rock surf instrumental y convirtió a The Ventures en sus profetas.

Only The Lonely, Roy Orbison
Monument, 1960
Orbison escribió esta canción a medias con Joe Melson y con un planteamiento orquestal inusual en su momento, que marcó un antes y un después en la evolución del rock 'n' roll.

Apache, The Shadows
Columbia, 1960
Inspirado en el western homónimo dirigido por Robert Aldrich en 1954, colocó con letras de oro en el firmamento del rock a esta banda británica, que hasta entonces sólo era conocida como los acompañantes de Cliff Richard.

Poetry in Motion, Johnny Tillotson
    Cadence, 1960
    La obra suprema del rock romántico dirigido a adolescentes, tan versionada que prácticamente nadie recuerda que Tolliston fue su autor.

Runaway, Del Shannon
    Big Top, 1961
    Tras el fracaso de sus primeras grabaciones, Shannon y el teclista de su banda, Max Crook, escribieron este tema que aguantó cuatro semanas en el número uno del Billboard y se convirtió en un éxito internacional.

Suspicious Mind, Elvis Presley
    RCA, 1969
    Esta canción de amor torturado fue el último número uno del Rey y figura en el puesto noventa y uno de las quinientas mejores canciones de la historia, según la revista Rolling Stone.

Get On, Hurriganes
    Marcus Music, 1974
    El tema más famoso de esta contundente banda finlandesa, incluido en el álbum Roadrunner, probablemente el mejor disco de rock de la historia de su país.

Rockabilly Rebel, Matchbox
    Bloomfield, 1979
    El tema que lanzó mundialmente a esta banda británica y que puso de moda el rock and roll en Europa a finales de los años setenta.

Marie, Marie, The Blasters
    Slash Records, 1981
    Este trepidante rock and roll es el mejor ejemplo de la fidelidad a las raíces de una banda que mantuvo el estandarte del género a finales de los setenta y principios de los ochenta en Estados Unidos.

Rock This Town, Stray Cats
Arista, 1981
Llegó al número uno en numerosos países del mundo y convirtió a los Stray Cats en los abanderados de la renovación del rock de los años cincuenta.

Someday, Someway, Robert Gordon
RCA, 1981
La canción que colocó a Robert Gordon en el centro de la cultura rocker de los años ochenta y lo aupó a lo más alto de las listas de éxitos.

Rollin Throught the Night, Crazy Cavan
Big Beat, 1984
Uno de los exponentes más claros del estilo que practicaba esta banda, su propio 'crazy rhythm', y que fue uno de los soportes del renacimiento del rock and roll en Europa durante los años ochenta.

Can Your Pussy Do The Dog, The Cramps
Big Beat, 1985
Uno de los cortes más contundentes del álbum A Date With Elvis, indudablemente el mejor de estos fundadores del psychobilly.

Johnny Got a Boom Boom, Imelda May
Ambassador, 2007
El primer single de esta dama irlandesa del rockabilly y la más contundente y particular revisión del género en los albores del siglo XXI.

Discos y grupos fundamentales

Música indie

Orange Juice – *You Can't Hide Your Love Forever* (Polydor, 1982)

The Blue Nile – *A Walk Across The Rooftops* (Linn Records, 1983)

Prefab Sprout – *Steve McQueen* (Kitchenware, 1985)

The Jesus & Mary Chain – *Psychocandy* (Blanco y Negro, 1985)

The Smiths – *The Queen Is Dead* (Rough Trade, 1986)

Felt – *Forever Breathes The Lonely World* (Cherry Red, 1986)

VV.AA. – *C 86* (Cherry Red, 1986/2014)

Cowboy Junkies – *The Trinity Session* (RCA, 1988)

New Order – *Technique* (Factory, 1989)

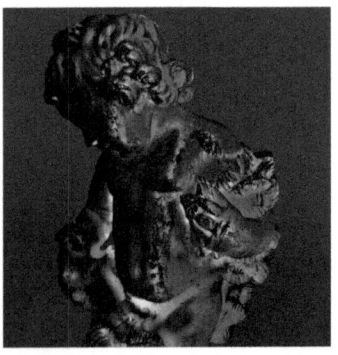

Pixies – *Doolittle* (4AD, 1989)

The Cure – *Disintegration* (Fiction/Polydor, 1989)

Cocteau Twins – *Heaven Or Las Vegas* (4AD, 1990)

Slint – *Spiderland* (Touch and Go, 1991)

Primal Scream – *Screamadelica* (Creation, 1991)

Nirvana – *Nevermind* (Geffen, 1991)

My Bloody Valentine – *Loveless* (Creation, 1991)

Sonic Youth – *Dirty* (Geffen, 1992)

Sugar – *Copper Blue* (Rykodisc/Creation, 1992)

R.E.M. – *Automatic For The People* (Warner, 1992)

The Auteurs – *New Wave* (Hut, 1993)

Pavement – *Crooked Rain, Crooked Rain* (Matador, 1994)

Blur – *Parklife* (Food/EMI, 1994)

Suede – *Dog Man Star* (Nude, 1994)

Portishead – *Dummy* (Go Beat/Polygram, 1994)

Oasis – *Definitely Maybe* (Creation, 1994)

Pulp – *Different Class* (Island, 1995)

Belle & Sebastian – *If Your'e Feeling Sinister* (Jeepster, 1996)

Diabologum – *#3* (Lithium, 1996)

Radiohead – *OK Computer* (Parlophone/Capitol, 1997)

Spiritualized – *Ladies & Gentlemen* (Dedicated, 1997)

The Flaming Lips – *The Soft Bulletin* (Warner, 1999)

Wilco – *Summerteeth* (Reprise, 1999)

The Magnetic Fields – *69 Love Songs* (Merge, 1999)

Giant Sand – *Chore Of Enchantment* (Thrill Jockey, 2000)

The Avalanches – *Since I Left You* (Modular, 2000)

Mogwai – *Rock Action* (Southpaw, 2001)

The Strokes – *Is This It* (RCA, 2001)

The Libertines – *Up The Bracket* (Rough Trade, 2002)

The Streets – *Original Pirate Material* (Locked On/679 Recordings, 2002)

Arcade Fire – *Funeral* (Merge, 2004)

Nick Cave & The Bad Seeds – *Abattoir Blues/The Lyre Of Orpheus* (Mute, 2004)

M.I.A. – *Arular* (XL, 2005)

Sufjan Stevens – *Illinoise* (Asthmatic Kitty/Rough Trade, 2005)

Arctic Monkeys – *Whatever People Say I Am, That's What I'm Not* (Domino, 2006)

LCD Soundystem – *Sound of Silver* (DFA/EMI, 2007)

The xx – *The xx* (Young Turks, 2009)

Bon Iver – *Bon Iver, Bon Iver* (4AD, 2011)

PJ Harvey – *Let England Shake* (Island, 2011)

Sleater-Kinney – *No Cities To Love* (Sub Pop, 2015)

Anhoni – *Hopelessness* (Secretly Canadian, 2016)

Música disco

The O'Jays – *Back Stabbers* (Philadelphia International Records, 1972)

Kool & The Gang – *Wild & Peaceful* (De-Lite, 1973)

Marvin Gaye – *Let's Get It On* (Motown, 1973)

The Isaac Hayes Movememt – *Disco Connection* (Hot Buttered Soul, 1975)

Gloria Gaynor – *Never Can Say Goodbye* (MGM, 1975)

Donna Summer – *Love To Love You Baby* (Casablanca, 1975)

KC & The Sunshine Band – *KC & The Sunshine Band* (TK, 1975)

Van McCoy and The Soul City Symphony – *Disco Baby* (Avco, 1975)

The Trammps – *Disco Inferno* (Atlantic, 1976)

George & Gwen McRae – *Together* (TK, 1976)

Dr. Buzzard's Original Savannah Band – *Dr. Buzzard's Original Savannah Band* (1976)

Giorgio Moroder – *From Here To Eternity* (Casablanca, 1977)

Earth, Wind and Fire – *All' N All* (Columbia, 1977)

Cerrone – *Supernature. Cerrone 3* (Malligator, 1977)

VV.AA – *Saturday Night Fever* (RSO, 1977)

Chic – *C'est Chic* (Atlantic, 1978)

The Jacksons – *Destiny* (Epic, 1978)

Sister Sledge – *We Are Family* (Cotillion, 1979)

Juan Carlos Calderón – *Disco* (CBS, 1979)

Michael Jackson – *Off The Wall* (Epic, 1979)

James Brown – *The Original Disco Man* (Polydor, 1979)

Grace Jones – *Warm Leatherette* (Island, 1980)

Diana Ross – *Diana* (Motown, 1980)

Prince – *Dirty Mind* (Warner, 1980)

Madonna – *Like a Virgin* (Sire/Warner, 1984)

Janet Jackson – *Control* (A&M, 1986)

Deee-Lite – *World Cliqué* (Elektra, 1990)

ABBA – *Gold. Greatest Hits* (Polygram, 1992)

Daft Punk – *Discovery* (Virgin, 2001)

Country rock

Buck Owens and His Buckaroos – *Carnegie Hall Concert* (Capitol. 1966)

Buffalo Springfield – *Buffalo Springfield* (Atco Records. 1966)

Merle Haggard – *I'm a Lonesome Fugitive* (Capitol. 1967)

Jerry Lee Lewis – *Another Place Another Time* (Mercury Records. 1968)

Johnny Cash – *At Folsom Prison* (Columbia Records. 1968)

Glen Campbell – *Wichita Lineman* (Capitol. 1968)

The Byrds – *Sweetheart of the Rodeo* (Columbia Records. 1968)

The Flying Burrito Brothers – *The Gilded Palace of Sin* (A&M Records. 1969)

Townes Van Zandt – *Townes Van Zandt* (Poppy Records. 1969)

Kris Kristofferson – *Kristoffersson* (Monument Records. 1970)

The Nitty Gritty Dirt Band – *Will the Circle Be Unbroken* (United Artists Records. 1972)

Waylon Jennings – *Honky Tonk Heroes* (RCA Records. 1973)

Billy Joe Shaver – *Old Five and Dimers Like Me* (Monument Records. 1973)

Dolly Parton – *Jolene* (RCA Victor. 1973)

Bill Monroe – *Bean Blossom* (MCA Records. 1973)

Doug Sahm – *Doug Sahm and Band* (Atlantic. 1973)

David Allan Coe – *The Mysterious Rhinestone Cowboy* (Columbia Records. 1974)

Linda Ronstadt – *Heart Like a Wheel* (Capitol. 1974)

Willie Nelson – *Red Headed Stranger* (Columbia Records. 1975)

Guy Clark – *Old No 1* (RCA Victor. 1975)

Emmylou Harris – *Elite Hotel* (Reprise Records. 1975)

Jessi Colter – *I'm Jessi Colter* (Capitol. 1975)

George Jones & Tammy Wynette – *Golden Ring* (Epic Records. 1976)

The Eagles – *Hotel California* (Asylum Records. 1976)

Johnny Paycheck – *Take This Job and Shove It* (Epic Records. 1977)

Hank Williams – *40 Greatest Hits* (Polydor. 1978)

Jason &The Scorchers – *Lost & Found* (EMI. 1985)

Dwight Yoakam – *Guitars, Cadillacs, Etc., Etc.* (Reprise Records. 1986)

Uncle Tupelo – *No Depression* (Rockville Records. 1990)

Garth Brooks – *Ropin'the Wind* (Capitol. 1991)

Bob Wills and His Texas Playboys – *The Essential Bob Wills 1935-1947* (Columbia Records. 1992)

The Mavericks – *What a Crying Shame* (MCA Records. 1993)

Jimmie Dale Gilmore – *Spinning Around the Sun* (Elektra Records. 1993)

Son Volt – *Trace* (Warner Bros. 1995)

The Jayhawks – *Tomorrow the Green Grass* (American Recordings. 1995)

Wilco – *A.M.* (Sire Records. 1995)

BR5-49 – *BR5-49* (Arista. 1996)

Lyle Lovett – *The Road to Ensenada* (MCA Records. 1996)

Steve Earle – *El Corazón* (Warner Bros. 1997)

Lucinda Williams – *Car Wheels on a Gravel Road* (Mercury Records. 1998)

The Carter Family – *Can the Circle Be Unbroken: Country Music's First Family* (Columbia Records. 2000)

Rodney Crowell – *The Houston Kid* (Sugar Hill Records. 2001)

Jimmie Rodgers – *Classic Sides 1927-1933* (JSP Records. 2002)

Patsy Cline – *The Definitive Collection* (Universal. 2004)

Loretta Lynn – *Van Lear Rose* (Interscope. 2004)

Buddy Miller – *Universal United House of Prayer* (Floodlight Records. 2004)

Ryan Adams – *Jacksonville City Nights* (Universal. 2005)

Shooter Jennings – *Put the "O" Back in Country* (Island. 2005)

Hank III – *Straight to Hell* (Bruc Records. 2006)

Old Crow Medicine Show – *Remedy* (ATO. 2014)

Rock progresivo

The Nice – *Five Bridges* (Charisma / Philips, 1970)

Emerson, Lake & Palmer – *Pictures at an Exhibition* (Island, 1971)

Procol Harum – *In Concert with the Edmonton Symphony Orchestra* (Chrysalis, 1972)

Yes – *Yessongs* (Atlantic, 1973)

Focus – *At the Rainbow* (Imperial / Polydor, 1973)

Traffic – *On the Road* (Island, 1973)

Badger – *One Live Badger* (Atlantic, 1973)

Rick Wakeman – *Journey to the Centre of the Earth* (A&M, 1974)

Premiata Forneria Marconi – *Cook, Live in USA* (Manticore, 1974)

Caravan – *Caravan & The New Symphonia* (Decca, 1974)

Magma – *Live/Hhaï Köhntark* (Utopia, 1975)

801 – *Live* (Island, 1976)

Renaissence – *Live at Carnegie Hall* (BTM / RCA, 1976)

Genesis – *Seconds Out* (Charisma / Atlantic, 1977)

Jane – *Live at Home* (Brain, 1977)

Novalis – *Konzerte* (Brain, 1977)

Gentle Giant – *Playing The Fool* (Chrysalis, 1977)

The Moody blues – *Caught Live + 5* (Decca, 1977)

Grobschnitt – *Solar Music – Live* (Brain, 1978)

Jethro Tull – *Bursting Out* (Chrysalis, 1978)

Camel – *A Live Record* (Decca, 1978)

Kansas – *Two for the Show* (CBS / Kirshner, 1978)

Steve Hillage – *Live Herald* (Virgin, 1979)

Mike Oldfield – *Exposed* (Virgin, 1979)

Harmonium – *En Tournée* (CBS, 1980)

Rush – *Exit...Stage Left* (Anthem / Mercury, 1981)

Twelfth Night – *Live and Let Live* (Music For Nations, 1984)

Marillion – *The Thieving Magpie* (La Gazza Ladra) (EMI / Capitol, 1988)

It Bites – *Thank You and Goodnight* (Virgin, 1991)

Porcupine Tree – *Coma Divine* (Delerium, 1997)

King Crimson – *Absent Lovers – Live in Montreal, 1984* (Discipline Global Mobile, 1998)

Subterranea – *The Concert* (Giant Electric Pea, 2000)

Pink Floyd – *Is There Anybody Out There?* (EMI / Columbia, 2000)

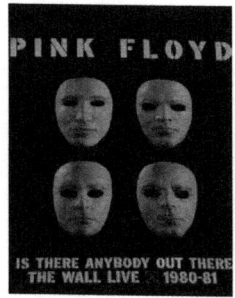

Dream Theater – *Live Scenes from New York* (Elektra, 2001)

The Flower Kings – *Meet the Flower Kings* (Inside Out, 2003)

Van der Graaf Generator – *Real Time* (Fie!, 2007)

Opeth – *The Roundhouse Tapes* (Peaceville, 2007)

Transatlantic – *Whirld Tour 2010: Live in London* (Radiant, 2010)

Eloy – *Reincarnation on Stage* (Artist Station Records, 2014)

The Dead Hunter – *Live* (Equal Vision Records, 2015)

Música soul

Ray Charles – *At Newport* (1959) Atlantic

Smokey Robinson & The Miracles – *Hi, We're The Miracles* (1961) Tamla (Motown)

Etta James – *Sings For Lovers* (1962) Argo Records

James Brown – *Live At The Apollo* (1963) King Records

Sam Cooke – *Night Beat* (1963) RCA Victor

Martha & The Vandellas – *Dancing In The Street* (1964) Motown

The Righteous Brothers – *You've Lost That Lovin' Feelin* (1964) Philles

The Ronettes – *Presenting The Fabulous Ronettes Featuring Veronica* (1964) Philles

Wilson Picket – *The Exciting Wilson Picket* (1966) Atlantic

Aretha Franklin – *I Never Loved A Man* (1967) Atlantic

The Supremes – *The Supremes Sing Holland-Dozier- Holland* (1967) Motown

Four Tops – *Reach Out* (1967) Motown

Eddie Floyd – *Knock On Wood* (1967) Stax

Otis Redding and Carla Thomas – *King & Queen* (1967) Stax (Atlantic)

Sam & Dave – *Soul Man* (1967) Stax (Atlantic)

Otis Redding – *The Dock Of The Bay* (1968) Volt (Atco)

The Impressions – *This Is My Country* (1968) Curtom

Al Green – Green is Blues (1969) Hi Records

Solomon Burke – *Proud Mary* (1969) Bell Records

Isaac Hayes – *Hot Buttered Soul* (1969) Enterprise

Ike & Tina Turner – *Black Man's Soul* (1969) Pompeia

James Brown – *Sex Machine* (1970) King Records

Rufus Thomas – *Do the Funky Chicken* (1970) Stax

Marvin Gaye – *What's Going On* (1971) Motown

Curtis Mayfield – *Roots* (1971) Curtom

Gladys Knight & The Pips – *Imagination* (1973) Buddah

The Temptations – *Masterpiece* (1973) Gordy (Motown)

Barry White – *Can't Get Enough* (1974) 20th Century

Stevie Wonder – *Songs In The Key Of Life* (1976) Motown

The Emotions – *Rejoice* (1977) Columbia

Funkadelic – *One Nation Under A Groove* (1978) Warner Bros

Nina Simone – *Baltimore* (1978) CTI

Donna Summer – *Bad Girls* (1979) Casablanca

Earth, Wind & Fire – *I' m* (1979) CBS

Smokey Robinson – *Warm Thoughts* (1980) Motown

Teddy Pendergrass – *TP* (1980) PIR

Bobby Womack – *The Poet* (1981) Beverly Glen Music

Luther Vandross – *Never Too Much* (1981) Epic

The Neville Brothers – *Fiyo On The Bayou* (1981) A&M

Prince And The Revolution – *Parade* (1981) Paisley Park

Michael Jackson – *Thriller* (1982) Epic

Anita Baker – *Songstress* (1983) Beverly Glen

Womack & Womack – *Radio MUSC Man* (1986) Elektra

Aaron Neville – Cry Like a Rainstorm (1989) Elektra

Babyface – The Day (1996) Epic

Erika Badu – *Mama's Gun* (2000) Motown

Alicia Keys – *The Diary Of Alicia Keys* (2003) J Records

Angie Stone – *Stone Love* (2004) J Records

Amy Winehouse – *Back to Black* (2006) Island Records

Heavy metal

AC/DC – *Back In Black* (1980)

Accept – *Balls to The Wall* (1983)

Aerosmith – *Toys In The Attic* (1975)

Angel Witch – *Angel Witch* (1980)

Anthrax – *Among The Living* (1987)

At The Gates – *Slaughter Of The Soul* (1995)

Black Sabbath – *Paranoid* (1970)

Blind Guardian – *Tales From The Twilight World* (1990)

Carcass – *Heartwork* (1993)

Alice Cooper – *Billion Dollar Babies* (1973)

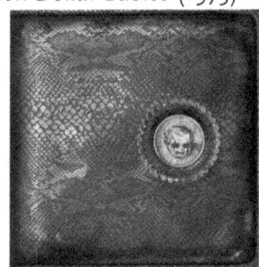

The Cult – *Electric* (1987)

Deep Purple – *Machine Head* (1972)

Dio – *Holy Diver* (1983)

Dream Theater – *Metropolis Pt. 2: Scenes From A Memory* (1999)

Gamma Ray – *Land Of Free* (1995)

Guns'n'Roses – *Appetite For Destruction* (1987)

In Flames – *Jester Race* (1996)

Iron Maiden – *The Number Of The Beast* (1982)

Judas Priest – *British Steel* (1980)

King Diamond – *Abigail* (1987)

Kiss – *Alive!* (1975)

Kreator – *Terrible Certainty* (1987)

Led Zeppelin – *Physical Graffiti* (1975)

Mastodon – *Leviathan* (2004)

Megadeth – *Rust In Peace* (1990)

Mercyful Fate – *Don't Break The Oath* (1984)

Messhugah – *Destroy Erase Improve* (1995)

Metallica – *Ride The Lightning* (1985)

Mötley Crüe – *Dr. Feelgood* (1989)

Motörhead – *Ace Of Spades* (1980)

Napalm Death – *Scum* (1987)

Nine Inch Nails – *The Downard Spiral* (1994)

Opeth – *Blackwater Park* (2001)

Ozzy Osbourne – *Blizzard Of Ozz* (1980)

Pantera – *Vulgar Display Of Power* (1992)

Paradise Lost – *Draconian Times* (1995)

Queensrÿche – *Operation: Mindcrime* (1988)

Rage Against The Machine – *Rage Against The Machine* (1992)

Saxon – *Wheels Of Steel* (1980)

Scorpions – *Blackout* (1982)

Slayer – *Reign In Blood* (1986)

Soundgarden – *Superknown* (1994)

System Of A Down – *Toxicity* (2001)

Testament – *The Legacy* (1987)

Thin Lizzy – *Jailbreak* (1976)

Tool – *Aenima* (1996)

UFO – *Strangers In The Night* (1979)

Van Halen – *Van Halen* (1978)

Venom – *Black Metal* (1982)

Wasp – *The Headless Children* (1989)

Música electrónica

Orbital – *Orbital* (1993)

Björk – *Debut* (1993)

808 State – *Newbuild* (1988)

Inner City – *Paradise* (1989)

Kenny Larkin – *Azimuth* (1994)

Maurizio – *Maurizio* (1997)

Seefeel – *Quique* (1994)

The Streets – *Original Pirate Material* (2002)

The Sabres of Paradise – *Haunted Dancehall* (1994)

M.I.A. – *Arular* (2005)

The KLF – *The White Room* (1993)

Daft Punk – *Homework* (1997)

Aphex Twin – *Selected Ambient Works 85-90* (1992)

Portishead – *Dummy* (1994)

Autechre – *Tri Repetae* (1995)

Burial – *Untrue* (2007)

The Prodigy – *Experience* (1992)

Fuck Buttons – *Tarot Sport* (2009)

Pet Shop Boys – *Introspective* (1988)

Buraka Som Sistema – *Black Diamond* (2008)

Plastikman – *Closer* (2003)

Underworld – *Dubnobasswithmyheadman* (1994)

Kraftwerk – *Computer World* (1981)

Yellow Magic Orchestra – *Yellow Magic Orchestra* (1978)

Giorgio Moroder – *From Here to Eternity* (1977)

Lee "Scratch" Perry – *Arkology* (1996)

Suicide – *Suicide* (1977)

Varios Autores – *Acid: Can you Jack?* (2005)

Afrika Bambaataa – *Looking For The Perfect Beat 1980-1985* (2005)

DJ Shadow – *Endtroducing…..* (1996)

New Order – *Technique* (1989)

Depeche Mode – *Music for the Masses* (1987)

Drexciya – *The Quest* (1997)

Cybotron – *Enter* (1983)

Underground Resistance – *Revolution for Change* (1992)

Boards of Canada – *Music has the Right to Children* (1998)

The Orb – *U.F.Orb* (1992)

Varios Autores – *Artificial Intelligence I y II* (1992-1994)

A Guy Called Gerald – *Black Secret Technology* (1995)

Roni Size / Reprazent – *In the Mode* (2000)

Primal Scream – *Screamadelica* (1991)

Luomo – *Vocalcity* (2000)

Motorbass – *Pansoul* (1996)

Front 242 – *Front to Front* (1988)

The Field – *From Here We Go Sublime* (2007)

Leftfield – *Leftism* (1995)

Andy Stott – *Luxury Problems* (2012)

Four Tet – *There Is Love in You* (2010)

The xx – *xx* (2009)

Lindstrøm – *Smallhans* (2012)

Manuel Göttsching – *E2-E4* (1984)

Música reggae

Abyssinians – Satta Massagana (1976)

Alpha Blondy – *Apartheid Is Nazism* (1985)

Horace Andy – *In The Light* (1977)

Aswad – *A New Chapter Of Dub* (1982)

Buju Banton – *Voice Of Jamaica* (1993)

Big Youth – *Screaming Target* (1972)

Black Uhuru – *Red* (1981)

Bounty Killer – *My Xperience* (1996)

Dennis Brown – *Words Of Wisdom* (1979)

Burning Spear – *Marcus Garvey* (1975)

Johnny Clarke – *Rockers Time Now* (1976)

Jimmy Cliff – *The Harder They Come* (1973)

The Congos – *Heart Of The Congos (1977)*

Culture – *Two Sevens Clash (1977)*

Dr. Alimantado – *Best Dressed Chicken It Town* (1978)

Desmond Dekker – *You Can Get It If Your Really Want* (1970)

Mikey Dread – *Dread At The Controls* (1979)

Eek-A-Mouse – *Wa-Do-Dem* (1981)

Alton Ellis – *Mr. Soul Of Jamaica (1974)*

The Gladiators – *Trenchtown Mix Up (1976)*

The Heptones – *On Top* (1969)

Inner Circle – *Bad To The Bone* (1992)

Gregory Isaacs – *Night Nurse* (1982)

Israel Vibration – *The Same Song* (1978)

The Itals – *Brutal Out Deh* (1981)

Linton Kwesi Johnson – *Dread Beat An' Blood (1978)*

Barrington Levy – *Shaolin Temple* (1979)

Bob Marley – *Catch A Fire (1973)*

Ziggy Marley & The Melody Makers – *Concious Party* (1988)

The Mighty Diamonds – *Right Time (1976)*

Jacob Miller – *Who Say Jah No Dread* (1992)

Junior Murvin – *Police & Thieves* (1976)

Augustus Pablo – *King Tubby Meets Rokckers Uptown (1976)*

Paragons – *On The Beach (1967)*

Shabba Ranks – *As Raw As Ever* (1991)

Max Romeo & The Upsetters – *War Ina Babylon* (1976)

Scientist – *Rids The World Of The Evil Curse Of The Vampires* (1981)

Shaggy – *Boombastic* (1995)

Sizzla – Black Woman And Child (1997)

Skatalites – *Stretching Out* (1987)

Steel Pulse – *Handsworth Revolution* (1978)

Third World – *Journey To Addis* (1978)

Toots & The Maytals – Funky Kingston (1972)

Peter Tosh – Legalize It (1976)

U-Roy – *Dread In A Babylon* (1975)

Ub40 – *Labour Of Love* (1983)

The Upsetters – *Super Ape* (1976)

Bunny Wailer – *Blackheart Man (1976)*

The Wailing Souls – *Wild Suspense* (1978)

Yellowman – *Mister Yellowman* (1982)

Punk

The Stooges – *Fun House*, 1970. Elektra Records

New York Dolls – *New York Dolls*, 1973. Mercury

Patti Smith – *Horses*, 1975. Arista Records

Ramones – *Ramones*, 1976. Sire Records

Sex Pistols – *Never Mind The Bollocks*, 1977. Warner

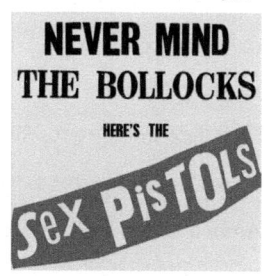

The Damned – *Damned, Damned, Damned*, 1977. Stiff Records

Dead Boys – *Young Loud And Snotty*, 1977. Sire Records

Richard Hell & The Voidoids – *Blank Generation*, 1977. Sire Records

The Boys – *The Boys*, 1977. Nems

Wire – *Pink Flag*, 1977. Harvest Records

The Saints – *(I'm) Stranded*, 1977. Emi

The Heartbreakers – *L.A.M.F.*, 1977. Track Records

The Stranglers – *No More Heroes*, 1977. Emi

The Adverts – *Crossing The Red Sea With The Adverts*, 1978. Bright Records

Dictators – *Bloodbrothers*, 1978. Asylum

X-Ray Spex – *Germfree Adolescents*, 1978. Emi

The Clash – London Calling, 1979. Cbs

Buzzcocks – *Singles Go Steady*, 1979. I.R.S.

Stiff Little Fingers – *Inflammable Material*, 1979. Emi

Dead Kennedys – *Fresh Fruit For Rotting Vegetables*, 1980. Alternative Tentacles Records

X – *Los Ángeles*, 1980. Slash Records

X – *X-Aspirations*, 1980. Amphetamine Reptile Records

Black Flag – *Damaged*, 1981. Sst Records

Bad Brains – *Bad Brains*, 1982. Roir

The Undertones – *The Undertones*, 1979. Sire Records

Descendents – *Milo Goes To College*, 1982. New Aliance Records

The Misfits – *Walk Among Us*, 1982. Ruby Records

Minor Threat – *Out Of Step*, 1983. Dischord Records

Minutemen – *Double Nickles On The Dime*, 1984. Sst Records

Husker Du – *Zen Arcade*, 1984. Sst Records

The Pogues – *Rum, Sodomy, And The Lash*, 1985. Warner

The Cramps – A Date With Elvis, 1986. New Rose

Bad Religion – *Suffer*, 1988. Epitaph

Nomeansno – *Wrong*, 1989. Alternative Tentacles Records

Hard-Ons – *Yummy!*, 1990. Festival Records

Rollins Band – *The End Of Silence*, 1992. Imago Records

Nofx – *White Trash, Two Heebs And A Bean*, 1992. Epitaph

Green Day – *Dookie*, 1993. Reprise

New Bomb Turks – *Destroy-Oh Boy!!,* 1993. Crypt Records

Demolition 23 – *Demolition 23*, 1994. Music For Nations

The Offspring – *Smash*, 1994. Epitaph

Rancid – *... And Out Come The Wolves*, 1995. Epitaph

Social Distortion – *White Light, White Heat, White Trash*, 1996. Epic

D Generation – *No Lunch*, 1996. Columbia

Sleater-Kinney – *Dig Me Out*, 1997. Kill Rock Stars

Refused – *The Shape Of Punk To Come*, 1998. Burning Heart Records

Turbonegro – *Apocalypse Dudes*, 1998. Boomba Records

Supersuckers – *The Evil Powers Of Rock & Roll'*, 1999. Entertainment One Music

The Bronx – *The Bronx*, 2003. Ferret Records

Gallows – *Orchestra For Wolves*, 2006. Epitaph

Grandes grupos en castellano

Indie

Astrud (España)

Aterciopelados (Colombia)

Belako (España)

Los Bichos (España)

Bomba Estéreo Bogotá (Colombia)

La Buena Vida (España)

Calle 13 (Puerto Rico)

El Columpio Asesino (España)

Dënver (Chile)

Dover (España)

Él mató a un policía motorizado (Argentina)

Los Enemigos / Josele Santiago (España)

Family (España)

Gepe (Chile)

La Habitación Roja (España)

El Inquilino Comunista (España)

Ilya Kuriaki and The Valderramas (Argentina)

Instituto Mexicano del Sonido (México)

Kanaku y el Tigre (Perú)

León Benavente (España)

Lori Meyers (España)

Love of Lesbian (España)

Manel (España)

Manta Ray (España)

Javiera Mena (Chile)

Molotov (México)

Juana Molina (Argentina)

Camila Moreno (Chile)

Carla Morrison (México)

El Niño Gusano (España)

Penélope Trip (España)

Los Pirañas (Colombia)

Los Piratas (España)

Los Planetas (España)

Plastilina Mosh (Mexico)

Polar (España)

Christina Rosenvinge (España)

Sex Museum (España)

Sr. Chinarro (España)

Surfin' Bichos/Mercromina/Chucho (España)

Systema Solar (Colombia)

Ana Tijoux (Francia)

Titán (Mexico)

Triángulo de Amor Bizarro (España)

Nacho Umbert (España)

La Vida Bohème (Venezuela)

Nacho Vegas (España)

Vetusta Morla (España)

Country rock

Bantastic Fand (España)

Th'Booty Hunters (España)

Caballo Dorado (México)

Cánovas, Rodrigo, Adolfo y Guzmán (CRAG) (España)

Conjunto San Antonio (España)

Dead Bronco (España)

Desperados (España)

Dinamita Pa' los Pollos (España)

Driver 8 (España)

Evil Mr. Sod (España)

The Fakeband (España)

Los Felinos (México)

The Freewheelin'Tornados (España)

La Frontera (España)

Quique González (España)

Grupo Salvaje (España)

Hickory Wind (Uruguay)

Holy Cows (Argentina)

Inblauk (España)

La Gran Esperanza Blanca (España)

Los Locos del Oeste (España)

Monkeyness (Argentina)

Partido (España)

Tomeu Penya (España)

The Pilgrim Rose (España)

Hendrik Röver (España)

The Riff Truckers (España)

Gloria River Band (México)

Salto (España)

Sangui (España)

Los Secretos (España)

Joana Serrat (España)

Nat Simons (España)

Smile (España)

Sugar Mountain (España)

Johnny Tedesco (Argentina)

Adrian Tigen & The Pampa Pioneers (Argentina)

Wild West (México)

Rock progresivo

La banda nueva (Colombia)

Bloque (España)

Cabezas de cera (México)

Cast (México)

Chac Mool (México)

Color humano (Argentina)

Crack (España)

Crucis (Argentina)

Espíritu (Argentina)

Los Flippers (Colombia)

Frágil (Perú)

Fusioon (España)

Galadriel (España)

Gallina Negra (México)

Ia & Batiste (España)

Iceberg (España)

Itoiz (España)

Kotebel (España)

Los Jaivas (Chile)

La máquina de hacer pájaros (Argentina)

Lüger (España)

Máquina! (España)

Módulos (España)

Nexus (Argentina)

October Equus (España)

Pan & Regaliz (España)

Psiglo (Uruguay)

Rivendel (España)

Rodrigo San Martín (Argentina)

Siglo Cero (Colombia)

Smash (España)

Triana (España)

Soul

Los Impala (Venezuela)

Las Cuatro Monedas (Venezuela)

Los Canarios (España)

Pop Tops (España)

Los Bravos (España)

Barrabás (España)

Brighton 64 (España)

Los Flechazos (España)

Cool Kerks (España)

J. Teixi Band (España)

The Black Beltones (España)

The Peper Pots (España)

Sweet Vandals (España)

The Excitements (España)

Midnight Train (España)

The Rhythm Treasures (España)

Heavy metal

Ángeles del infierno (España)

Angelus apátrida (España)

Angra (Brasil)

Gillman (Venezuela)

Barón Rojo (España)

Centurión (Venezuela)

Chopper (Uruguay)

Cristal y acero (México)

Disgorge (México)

Dorsal atlántica (Brasil)

Fun People (Argentina)

Kraken (Colombia)

Laberinto (Venezuela)

Luzbel (México)

Mägo de Oz (España)

Obús (España)

Ratos de Porão (Brasil)

Riff (Argentina)

Sarcofago (Brasil)

Sôber (España)

Transmetal (México)

Undercroft (Chile)

V8 (Argentina)

Reggae

Los Cafres (Argentina)

Caliajah (Chile)

Chala Rasta (Argentina)

Cultura Profética (Puerto Rico)

Roe Delgado (España)

Dread Mar-i (Argentina)

Gomba Jahbari (Puerto Rico)

Gondwana (Chile)

Jah Macetas/Living Reggae (España)

Little Pepe (España)

Morodo (España)

Los Pericos (Argentina)

Ras Kuko (España)

Resistencia Suburbana (Argentina)

Swan Fyahbwoy (España)

Punk

Alerta Roja (Argentina)

Attaque 77 (Argentina)

Boikot (España)

Cicatriz (España)

Cólera (Brasil)

Decibelios (España)

Delirium Tremens (España)

Depressing Claim (España)

Desechables (España)

Desobediencia Civil (México)

Eskorbuto (España)

Kortatu (España)

I.R.A. (Colombia)

La Banda Trapera del Río (España)

Llajtay Kjaparin (Bolivia)

Los Nikis (España)

La Perrera (España)

La Polla Records (España)

L'Odi Social (España)

Los Vegetales (España)

Massacre 68 (México)

Motociclón (España)

Nuevo Catecismo Católico (España)

Parálisis Permanente (España)

Los Prisioneros (Chile)

Ramoncín (España)

Ratos de Porão (Brasil)

Reciclaje (Venezuela)

Reincidentes (España)

Os Replicantes (Brasil)

Los Saicos (Perú)

Seguridad Nacional (Venezuela)

Señor No (España)

Shock Treatment (España)

Siniestro Total (España)

Skatalà (España)

TNT (España)

Todos Tus Muertos (Argentina)

Último Resorte (España)

Los Violadores (Argentina)

Vulpes (España)

Lecturas recomendadas

POP

Brend, Mark, *American Troubadors: Groundbreaking Singer-Song-writers of the 60s*, Backbeat Books, San Francisco, 2001

Buskin, Richard, *Inside Tracks: A First-Hand History of Popular Music from the World's Greatest Record Producers and Engineers*, Avon, 1999

Carr, Roy, and Farren, Mick, Elvis: *The Complete Illustrated Record*, Eel Pie, Londres, 1982

Cooper, Kim, *Bubblegum Music is the Naked Truth*, Feral House, 2001

Escott, Colin, with Hawkins, Martin, *Good Rockin' Tonight: Sun Records and the Birth of Rock 'n' Roll*, St. Martin's Press, Nueva York, 1992

Fong-Torres, Ben, *The Hits Just Keep On Coming: The History of Top 40 Radio*, Backbeat Books, San Francisco, 2001

Fox, Ted, *In the Groove*, St. Martins Press, Nueva York, 1986

Kozinn, Allan, *The Beatles*, Phaidon, Londres, 1995

Larkin, Colin, *Encyclopedia of Popular Music*, Virgin Publishing, Londres, 2002

Larkin, Colin, *The Guinness Who's Who of Sixties Music*, Guinness Publishing, Londres, 1992

Lewisohn, Mark, *The Complete Beatles Chronicle*, Harmony Books, Nueva York, 1992

Logan, Nick, and Woffinden, Bob (eds.), *The Illustrated New Musical Express Encyclopedia of Rock*, Hamlyn, Londres, 1976

Marcic, Dorothy, *Respect: Women and Popular Music*, Texere, Nueva York, 2002

Marcus, Greil, *Mystery Train: imágenes de América en el rock & roll*, Círculo de Lectores, 2003

Morath, Max, and Feinstein, Michael, *The Npr Curious Listener's Guide to Popular Standards*, Perigee, Nueva York, 2002

Mulholland, Garry, *This Is Uncool: The 500 Greatest Singles Since Punk and Disco*, Cassell, Londres, 2002

Olsen, Eric et al, *The Encyclopedia of Record Producers*, Billboard, Nueva York, 1999

Pascall, Jeremy, *The Golden Years of Rock & Roll*, Phoebus Publishing, Nueva York, 1974

Ramsey, Guthrie P., *Race Music: Black Cultures from Bebop to Hip-Hop*, University of California Press, Berkeley, 2003

Smith, Joe, *Off the Record: An Oral History of Popular Music*, Warner Books, 1988

Swern, Phil, and Greenfield, Shaun, *30 Years of Number Ones*, BBC Books, Londres, 1990

Thompson, David, Pop, *Collectors Guide Publishing*, 2000

Unterberger, Richie, *The Rough Guide to Music USA*, Rough Guides, Londres, 1999

Whitburn, Joel, *Billboard Top 1000 Singles 1955–2000*, Hal Leonard Publishing, Milwaukee, 2001

White, Charles, *The Life and Times of Little Richard*, Harmony Books, 1984

Wolfe, Tom, *The Kandy-Kolored Tangerine-Flake Streamline Baby*, Simon & Schuster, Nueva York, 1965

ROCK

Asbjornsen, Dag Erik, *Scented Gardens of the Mind: A Comprehensive Guide to the Golden Era of Progressive Rock: 1968–1980*, Borderline Productions, Nueva York, 2001

Azerrad, Michael, *Our Band Could Be Your Life: Scenes from the American India Underground 1981–1991*, Little Brown & Company, Nueva York, 2001

Billboard Guide to American Rock and Roll, Billboard Books, Nueva York, 1997

Blush, Steven, *American Hardcore: A Tribal History*, Feral House, 2001

Bogdanov, Vladimir (ed.), et al, *All Music Guide to Rock*, Backbeat, Londres, 2002

Christe, Ian, *El sonido de la bestia: la historia del heavy metal*, Ma non troppo, Ediciones Robinbook, Barcelona, 2005

Cohn, Nik, *Awopbopaloobop Alopbamboom: una historia de la música pop*, Punto de lectura, 2004

Cole, Richard, and Trubo, Richard, *Stairway to Heaven: Led Zeppelin Uncensored*, HarperEntertainment, Nueva York, 2000

Ellinham, Mark, *The Rough Guide to Rock*, Rough Guides, Londres, 1996

Gassen, Timothy, *The Knights Of Fuzz*, Borderline Productions, Columbia, 1996

George-Warren, Holly, et al, *The Rolling Stone Encyclopedia of Rock & Roll*, Fireside, Nueva York, 2001

Graff, Gary, and Durchholz, Daniel, *MusicHound Rock: The Essential* Album Guide, Gale, 1998

Harrison, Hank, Kurt Cobain, *Beyond Nirvana: The Legacy of Kurt Cobain*, The Archives Press, 1994

Ingham, Chris, *The Book Of Metal*, Carlton Books, Londres, 2002

Jeffries, Neil (ed.), The «Kerrang!» *Direktory of Heavy Metal: The Indispensible Guide to Rock Warriors and Headbangin' Heroes*, Virgin Books, Londres, 1993

Juno, Andrea, *Angry Women In Rock*, Juno Books, 2003

Larkin, Colin, *The Virgin Encyclopedia of Heavy Rock*, Virgin Books, Londres, 1999

Larkin, Colin, *The Virgin Illustrated Encyclopedia of Rock*, Virgin Books, Londres, 1999

McIver, Joel, *Nu-Metal: The Next Generation Of Rock And Punk*, Omnibus Press, Londres, 2002

McNeil, Legs and McGain, Gillian (eds.), *Please Kill Me: The Uncensored Oral History of Punk*, Penguin USA, Nueva York, 1997

Moynihan, Michael and Søderlind, Didrik, *Lords Of Chaos: The Bloody Rise Of The Satanic Underground*, Feral House, 2003

Porter, Dick, *Rapcore: The Nu-Metal Rap Fusion*, Plexus Publishing, Nueva Jersey, 2002

Reynolds, Simon, *The Sex Revolts: Gender, Rebellion and Rock'n'roll*, Harvard University Press, Harvard, 1995

Spicer, Al, *The Rough Guide to Rock (100 Essential CDs)*, Rough Guides, Londres, 1999

Strong, Martin C., *The Great Metal Discography*, Mojo Books, Londres, 2002

Strong, Martin C., *The Great Rock Discography*, Canongate Publications, Edinburgh, 2002

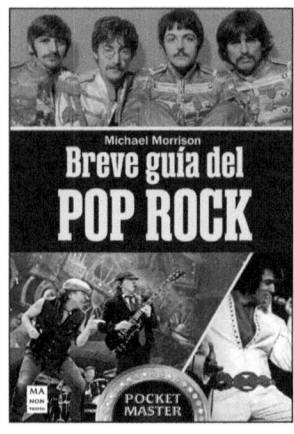

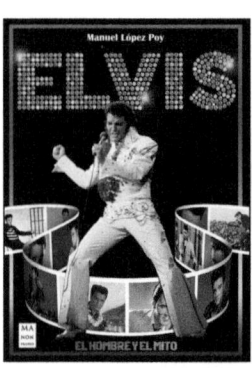

Descubre a través de este código QR
todos los libros de Ma Non Troppo - Música

Puedes seguirnos en:

 redbook_ediciones

 @Redbook_Ed

 @RedbookEdiciones